Sé
BELLA,
sé tú misma

Lizzie

Sé BELLA, sé tú misma

LIZZIE VELÁSQUEZ

LIBROS LIGUORI
One Liguori Drive ▼ Liguori, MO 63057-9999

Imprimi Potest
Harry Grile, CSsR,
Provincial de la Provincia de Denver
Los Redentoristas

Publicado por Libros Liguori
Liguori, MO 63057-9999
Pedidos al 800-325-9521
www.librosliguori.org

Cataloging-in-Publication Data on file with the Library of Congress
p ISBN 978-0-7648-2316-9
e ISBN 978-0-7648-2317-6

Libros Liguori, una corporación sin fines de lucro, es un apostolado de los Padres y Hermanos Redentoristas. Para más información, visite Redemptorists.com

Impreso en Estados Unidos de América
17 16 15 14 13 / 5 4 3 2 1
Primera edición

Con amor,
para mi hermano y mi hermana,
quienes me han apoyado en las buenas y
en las malas, y quienes, junto con mis padres,
son mis principales apoyos.

Gracias por todo lo que
han hecho por mí.

Los quiere,

Lizzie

Contenido

Prefacio

Cuando Lizzie me pidió que escribiera el prefacio para *Sé bella, sé tú misma,* recordé mis años de juventud, cuando experimenté la primera herida a causa de la crítica, ese tipo de herida tan profunda, que incluso a los treinta y siete años de edad, aún despierta antiguas emociones en algún rincón de mi alma.

Todos tenemos días en los que no nos sentimos suficientemente bonitas, suficientemente delgadas, o peor aún: simplemente no nos sentimos buenas para nada.

Necesitamos romper ese patrón de estereotipos inalcanzables y de repercusiones psicológicas. Es un problema social que se nos ha ido de las manos y que Lizzie ha enfrentado con valentía.

La historia de Lizzie es extraordinaria: ella tiene una extraña enfermedad genética que no le permite ganar peso, simplemente su nacimiento fue un milagro. Sin embargo, lo más conmovedor es el modo como se las ha arreglado para recibir golpe tras golpe y seguir levantándose cada día, avanzando paso a paso.

Tan solo imagina que cada vez que salieras al público, todos se te quedaran mirando y te criticaran. Admiro a Lizzie por su determinación para salir con la cara en alto en un mundo donde se le da tanta importancia a la belleza externa.

Si te quedas con una sola cosa de la historia de Lizzie y sus consejos, espero que sea esta: sin importar tu situación actual, el cambio siempre es posible. Tú eres el arquitecto de tu destino, tú creas tu propio futuro.

Todos somos víctimas de algo, pero eso no es lo que de verdad somos. Lo que define nuestro carácter es la forma en la que reaccionamos ante nuestras circunstancias.

Admiro a Lizzie Velásquez por ser el guerrero de luz que necesitamos para entender que todos nuestros sueños se pueden realizar.

Cynthia Lee.
Reportera de Fox 29, San Antonio.
Editora y coautora del libro, Lizzie Bella

Introducción

Se me ha dado una vida increíble. No siempre ha sido fácil, ni tampoco ha sido predecible. Algunas personas dirán, "Lizzie, ¿cómo puedes estar preparada para escribir un libro sobre tu vida, si tan solo tienes veintitrés años?" Mi respuesta es sonreír, asentir y pensar en todo lo que he vivido. En estos veintitrés años he vivido muchas cosas y puedo decir que no cambiaría nada.

Escribir este libro me ha dado la oportunidad de mirar en retrospectiva hacia los acontecimientos que me han conducido a lo que vivo hoy. Algunos de ellos aún traen lágrimas a mis ojos. Siento dolor por aquella niña que lo único que quería era ser aceptada. También fue muy doloroso escribir sobre la experiencia de aquel video de *YouTube*.

Unos recuerdos trajeron otros recuerdos, algunos malos y otros buenos. Recordé cada reto que he enfrentado y cada éxito que he obtenido; también recordé todos los momentos agradables que he vivido con mi familia y amigos. He sido bendecida con una familia muy bonita y con buenos amigos. Mientras trabajé en este proyecto, recé por cada uno de ustedes. Mi meta no era simplemente escribir un libro, ver mi nombre en su portada y sentirme bien por lograrlo. Mi meta era compartir mi historia de tal forma que me permitiera entrar en contacto con cada uno de ustedes y mostrarles cómo pueden mejorar sus vidas.

También les quiero decir que el hablar con Dios me ha dado el valor que he necesitado para seguir adelante. No estoy diciendo que Dios les dará todo lo que desean, ni que su vida será más fácil o difícil que la mía. Lo que les quiero decir es que Dios tiene un plan para ustedes y Él caminará a su lado día a día.

Todo lo que tienen que hacer es hablar con Él y escucharlo. Dios nos enseña cómo debemos vivir, si se lo permitimos. Dios nos ama profundamente. Me ama y te ama tal y como somos, hoy, aquí, ahora, sin importar en qué punto de nuestra vida estamos ni lo que está sucediendo en nuestras vidas. Dios escucha nuestras palabras y también escucha las que susurramos en silencio dentro de nuestros corazones. Cada uno de nosotros podemos tener una relación única con Dios. ¿Hay algo o alguien que te lastima? ¿Te sientes sola? ¿Asustada? ¿Incomprendida? ¿Desearías que al menos una persona te escuchara? ¿Tienes que tomar una decisión difícil y necesitas ayuda? Te quiero dar las herramientas necesarias para saber qué hacer ante esos problemas. Dios me ha dado una vida maravillosa. Dios te ha dado una vida maravillosa a ti también. Eres importante para mí. Eres importante para Dios. Quiero que comprendas que *conocer a Dios marca la diferencia.*

Espero que encuentres mil razones para sonreír a lo largo de tu viaje.

CAPÍTULO UNO

Hola, me llamo Lizzie.

Porque yo sé muy bien lo que haré por ustedes; les quiero dar paz y no desgracia y un porvenir lleno de esperanza, palabra de Yavé.

Jr 29;11

"Hola, Lizzie; hola, Sra. Velásquez. ¡El programa está a punto de comenzar!" Dan Sterchele, productor de la CNN nos dio la bienvenida con una gran sonrisa antes de desaparecer de nuevo por el pasillo. Tras semanas de planearlo, por fin nos encontrábamos en los enormes estudios de la CNN en el centro de Los Ángeles. Estaba sucediendo y yo estaba decidida a disfrutar cada instante.

Apenas un día antes, me encontraba en mi casa, en Austin, Texas, con mis padres y ahora mi mamá y yo estábamos sentadas en el cuarto de peinado y maquillaje, preparándonos para mi próxima gran entrevista en la televisión. Cerré los ojos y dije una pequeña oración, pidiéndole a Dios que estuviera conmigo durante la entrevista y que por favor calmara los nervios de mi mamá. Siempre está nerviosa por las dos cuando nos entrevistan.

Pasaron pocos segundos, mis ojos se llenaron de asombro. Las luces brillantes que rodeaban los enormes espejos me hicieron recordar un camerino de Hollywood. Observé la forma en que Aubrey, una artista del maquillaje, me maquillaba usando el tono perfecto. Para mí, maquillarme es algo muy difícil, pues estoy ciega de un ojo y tengo visión limitada en el otro, así que siempre tengo la preocupación de haber salido de la casa luciendo como payaso. Aubrey se portó lindísima conmigo al responder todas mis preguntas y al darme tips sobre cómo aplicarme la cantidad correcta de maquillaje para que no se viera exagerado. A mi lado, consentían a mi mamá. Parecía que por fin se estaba relajando. Minutos más tarde estaba hermosa. Nos escoltaron de regreso al cuarto verde, donde Dan nos esperaba para realizar una pre-entrevista.

Nos sentamos en un gran sillón azul y me dijo que imaginara que ya estábamos en el estudio. Respiré profundamente, dije que sí y me senté erguida, preparada para poner en práctica todas mis habilidades como entrevistada. Repasamos las preguntas una a una, parando frecuentemente para reír al escuchar mis repuestas.

Dan decía frases como: "¡Debes decirlo así, eso está muy bien!"

Minutos más tarde, dijo que alguien nos pondría micrófonos a mi mamá y a mí. Me puse de pie en cuanto salió del estudio. Era hora de checar mi apariencia.

Igual que el espejo del cuarto de maquillaje, el espejo del "cuarto verde" (el cual, por cierto, era azul cielo) tenía grandes focos a su alrededor para proporcionar la iluminación perfecta para una estrella de cine. Caminé hacia el espejo para observar de cerca mi maquillaje y mi peinado, y me gustó todavía más. Los jeans oscuros me quedaban bien; la camisa anaranjada era perfecta, aunque me preocupaba que no tenía mangas y suele hacer frío en los estudios de grabación. ¡Pero por lo menos me veía linda!

Mi collar de oro combinaba perfectamente con mis aretes largos.

En realidad los zapatos no me entusiasman tanto como a cualquier otra niña de mi edad. Cualquier par de alpargatas, flats o botas suele hacerme feliz. Sin embargo ese día llevaba unas botas nuevas de piel. Como mis piernas son muy delgadas es casi imposible encontrar botas que se ajusten a mí y no me queden enormes de arriba. Por suerte, encontré un par de botas del número dos en el departamento de niñas y me quedaban perfectas.

Un hombre entró en el cuarto, colocó un pequeño micrófono en mi camisa e hizo la prueba de volumen habitual contando del uno al diez.

He usado micrófonos como ese cientos de veces, pero esa vez había algo nuevo. Me dio un apuntador para el oído, el mismo tipo de apuntador que usan los artistas durante sus actuaciones. ¡Qué emoción!

"¡Es la hora, Lizzie!" Miré a mi mamá; mi corazón se aceleraba. No estaba nerviosa todavía, pero me sentía como si estuviera a punto de subir a una montaña rusa. Caminamos por el pasillo y nos detuvimos frente a una puerta como cualquier otra, pero cuando Dan la abrió era como si hubiera un mundo totalmente diferente al otro lado.

El estudio era increíble. Cámaras y camarógrafos estaban preparados para la acción. Me detuve en la entrada un momento, admirando la iluminación sobre el pequeño escenario. Estaba diseñado para que pareciera una sala, con una mesita para el café, dos sillas pequeñas a la derecha y otra silla a la izquierda. Nos condujeron a nuestros asientos. Apenas nos sentamos, mi mamá tomó mi mano. Podía sentir como crecía mi emoción mientras observaba el cuarto. Las luces brillantes, las cámaras, los monitores y los productores estaban a tan solo unos pies de distancia, pero mi mente estaba totalmente concentrada en el programa.

"¿Lizzie?" con una cálida sonrisa Dan Drew Pinsky, el conductor del programa, nos dio la bienvenida estrechándonos la mano. Al igual que mucha gente, he sido fan del Dr. Drew muchos años, y tener la oportunidad de conocerlo y de estar en su programa era un sueño hecho realidad.

Respiré profundamente y organicé mis pensamientos mientras el productor iniciaba la cuenta atrás. Cinco, cuatro, tres, dos. En vez de decir uno, señaló al Dr. Drew y ¡acción! Estábamos al aire y yo estaba preparada para compartir mi historia.

Mi nombre es Lizzie Velásquez y tengo veintitrés años. Estudio Comunicaciones en la Universidad de Texas. Me encantan los perros pequeños, escuchar música, estar con mis amigos, comprar ropa, ir al cine con mi familia y descansar. Soy adicta a los reality-shows. Soy como cualquier niña de mi edad, pero a la vez soy diferente. Tengo una rara enfermedad genética que me impide ganar peso. Estoy ciega de un ojo y tengo visión limitada en el otro. En la preparatoria tuve dos cirugías mayores y en ambas me hicieron transfusión total de sangre.

Un simple resfriado me puede mandar a la cama por dos semanas. Mi enfermedad no es aún conocida en la comunidad científica. Es tan rara que solo otras dos personas en el mundo la padecen. No podemos saber lo que nos depara el futuro ni cuánto tiempo viviremos. Por ahora no hay cura. A los trece años me incorporé a un estudio genético dirigido por el Dr. Abhimanyu Garg en la Universidad de Texas.

Él cree que tengo una especie de síndrome progeroide neonatal, el cual causa envejecimiento prematuro, pérdida de tejido graso de cara y cuerpo, y degeneración del tejido muscular. Me gustaría que algún día este misterio médico recibiera el nombre de "Síndrome de Lizzie".

No hay forma de ocultar mi condición, ni de ocultarme de ella. Basta con mirarme para saber que soy diferente porque a pesar de comer pequeñas porciones de comida a lo largo de todo el día, probablemente soy la persona más delgada que verán en toda su vida.

Se han escrito muchas cosas sobre mí. Algunas verdaderas; otras falsas. No, no tengo ningún desorden alimenticio.

Mis papás no me matan de hambre. Sí, peso lo mismo que una niña de segundo grado. Si gano una libra, me emociono. He recibido el título de la mujer más delgada del mundo. No puedo imaginar cómo se siente tener sobrepeso, pero puedo decirles que mi peso ha sido todo un tema en cada etapa de mi vida.

He tenido que lidiar toda mi vida con gente que se me queda viendo y me señala. Los que no me conocen me han etiquetado con sobrenombres ofensivos. Imagina que te odian o se burlan de ti porque no puedes ganar peso.

Pero tengo una familia maravillosa y amigos muy valiosos quienes me quieren, apoyan y siempre están ahí. Me defienden cuando me señalan y me quieren de forma incondicional.

Cada uno de nosotros es único, desde el color de nuestro cabello hasta el tono de nuestra voz. Todos somos diferentes de los demás. Incluso los gemelos idénticos tienen algunas diferencias. El problema es que algunas personas solo pueden ver los aspectos en los que somos diferentes, lo que resulta gracioso, porque yo pienso que todos somos más iguales que distintos.

Pasé años de mi vida deseando verme como cualquier otra persona, pero eso nunca sucedió. En cambio, tuve que aprender a amarme y a aceptarme tal y como soy. Dejé de escuchar lo que los demás decían de mí y comencé a construir mi vida para mí misma. He descubierto lo que significa encontrar mi propósito en la vida, mi pasión. Cada nuevo día es una oportunidad por la cual estoy agradecida.

Mi vida es emocionante. Comparto mi historia personalmente con cientos de adolescentes y jóvenes a lo largo del país. Me invitan a programas de televisión: *The Today Show* [El show de hoy], *Inside Edition* [Edición central] Australia's *Sunday Night* [Noche de Domingo en Australia], *Explosiv* [Explosivo] en Alemania y ahora el *Dr. Drew*. Compartir mi historia es mi misión, la forma en la que ayudo a los demás.

Si no hubiera dejado atrás todo el dolor y el odio que sentía para abrazar a quien realmente soy, nunca habría tenido todas estas oportunidades. Al mirar todos mis sufrimientos pasados, puedo ver que Dios estuvo conmigo. No siempre lo entendía. Mi fe en Dios me ha ayudado en cada aspecto de mi vida, pero prometo no sermonearte ni decirte qué creer. Eso es algo que te toca a ti. Yo solo puedo contarte mi historia ya que Dios tiene un papel de protagonista en ella, hablaré mucho de Él. Sin Dios, no puedo imaginarme ni siquiera que estarías interesado o interesada en saber algo sobre mí. Cada día recibimos la oportunidad de descubrir nuestra misión y de prepararnos para vivir de la mejor forma posible. Mientras tenga fe en Dios, una sonrisa sobre mi rostro y me sienta orgullosa de mí misma, todo lo demás sucederá como tenga que suceder. Lo mismo pasa en tu caso. Si no has descubierto tu misión, no hay problema, ya la descubrirás.

Durante los días más oscuros de mi vida, jamás imaginé que

sería tan feliz como lo soy ahora. No, mi vida no es perfecta. Y sí, la opinión de los demás me importa. Pero me importa más que estoy viviendo mi destino. El secreto de mi éxito es aceptar que Dios me creó única e irrepetible. La vida no siempre es fácil, pero esta es la única vida que he conocido. He aprendido a lo largo del camino y lo he querido compartir.

Espero que sigas conmigo.

Reflexiones

- *¿Pasas tiempo reflexionando cómo es tu vida ahora y cómo deseas que sea en el futuro?*
- *¿Desearías que tu vida fuera diferente? ¿En qué sentido?*
- *¿Tienes algún sueño especial?*

Querido Dios:

¡Estoy tan emocionada! Hoy puedo compartir mi historia con mucha gente especial y tengo tantas cosas que contar. Sé que estás aquí con nosotros. ¡Ayúdanos a ver y a agradecer todas nuestras bendiciones!

Gracias.

Lizzie

CAPÍTULO DOS

¿Por qué yo?

De hecho, ustedes todavía no han sufrido mas que pruebas muy ordinarias. Pero Dios es fiel y no permitirá que sean tentados por encima de sus fuerzas. En el momento de la tentación les dará fuerza para superarla.

1 Cor 10:13

Mi tía me dice "solecito" porque siempre tengo una sonrisa en mi cara. Frecuentemente me preguntan si pasó algo maravilloso. Mi respuesta es ¡sí!, todos los días pasa algo maravilloso, incluso aunque no nos demos cuenta.

Me encanta reír. Una de las cosas que heredé de mi papá es su sentido del humor. Tiene la chispa de un comediante profesional. Mi habilidad para contar chistes y apreciar el sentido del humor me ha enseñado a ser rápida y a reírme de las situaciones y de mí misma.

Pero no siempre es fácil recordar y sonreír cuando has tenido una vida difícil. Solemos creer que debemos entenderlo todo.

Queremos saber por qué pasan las cosas malas, qué hicimos

para "merecerlas". En algún momento nos hemos preguntado: *¿Por qué yo? ¿Por qué siempre me pasan cosas malas? ¿Por qué tengo que sufrir otra decepción?*

- *Llegan las vacaciones, y todos mis amigos se fueron de viaje. Claro, todos excepto yo, que tengo que quedarme en casa.*
- *No puedo creer que tenga el cabello chino. Lo odio. Quisiera tener el cabello largo y lacio.*
- *No puedo creer que tenga el cabello lacio. Lo odio. Quisiera tener el cabello chino.*
- *¿Por qué mi hermano es autista? No es justo.*
- *¿Por qué tiene que trabajar mi mamá?*
- *¿Por qué mi familia no tiene más dinero?*
- *¿Por qué mi vida tiene que ser tan aburrida?*

O en mi caso, *¿por qué no me puedo ver como las otras niñas? ¿Por qué no puedo estar más sana? Si tengo que verme tan diferente y tengo este síndrome, ¿por qué mi sistema inmunológico no puede ser más fuerte? ¿Por qué es tan fácil que me enferme? ¿Por qué tengo que ser ciega de un ojo?*

En la preparatoria veía a otras personas ir por la vida sin hacer ningún esfuerzo. Me parecía tan injusto. No importaba qué tan cuidadosamente planeara mi vida, algo inesperado se interpondría en mis planes. Podía ser algo pequeño y molesto como quedarme sin tiempo para estudiar para un examen, odiar mi cabello o perder una vez más mi brazalete favorito. O podía ser algo grande y escalofriante, algo que no podía controlar. Mientras los demás vivían sus vidas y se divertían, yo estaba en el consultorio de un doctor o en la sala de emergencias de algún hospital.

Muchas veces me pregunté dónde estaba Dios en todo esto. ¿Al menos estaba prestando atención? ¿Qué sentido tenían todo ese dolor e incertidumbre? Yo no quería olvidar a Dios, pero algunas veces me preguntaba si Él no se habría olvidado de mí. Todo el mundo parecía ser más feliz que yo. Cierto, todos eran más sanos. El estar tan enferma, además de verme tan diferente, me hacía preguntarme frecuentemente por qué yo. Me preguntaba si mi vida tendría algún sentido. Me sentía invadida de tristeza y de interrogantes sin respuesta. Se resentía mi salud tan frágil y me sentía molesta porque las personas me juzgaban sin conocerme o sin darme una oportunidad.

Todos tienen sus problemas, así que es probable te hayas sentido así en más de una ocasión. Piensa en las cosas que te molestan, en las cosas que no puedes controlar. Ahora escríbelas aquí abajo:

Algunos *¿por qué yo?* son significativos, otros no. De todos modos, las inquietudes que tienes en tu lista de ¿por qué yo? son importantes.

Tal vez tu papá murió y lo extrañas, o tal vez tu familia se mudó a Florida y echas de menos a tus amigos en Maryland, o tal vez tu hermano mayor se fue a la universidad. Este tipo de circunstancias no son culpa tuya. Son situaciones sobre las cuales no tienes ningún control.

Tú no las causaste y no puedes cambiarlas.

Hay otras cosas sobre las cuales sí tienes el control. Puede que hayas estado jugando con el alcohol o estés pensando probar las drogas.

Tal vez has tomado las decisiones equivocadas.

Ninguna vida es perfecta. Si no me crees, basta con preguntar a cualquier persona a tu alrededor: "¿Tu vida es perfecta?" Garantizado: si la otra persona está dispuesta a abrirse y a compartir, escucharás de todo: ya no soporta a su hermanito, no pasó su prueba de conducir, no terminó la tarea porque tuvo que limpiar la cocina, etc.

Te diría que su vida no solo no es perfecta, sino que además, no es justa. Te aseguraría que no te puedes ni imaginar cuántos problemas tiene y todos ellos son bastante serios.

El video "La mujer más fea del mundo"

Solía despertar temiendo las clásicas miradas y críticas de los demás. Tener que lidiar con ello todos los días es duro, pero no me imaginaba que todo iba a ponerse mucho peor en un abrir y cerrar de ojos.

Un día, en la preparatoria, estaba navegando en *YouTube* en vez de hacer mi tarea. Estaba buscando algo de música, pero en lugar de ello me topé con el video de una jovencita que me resultaba demasiado familiar.

Hice click en el link que abría un video de ocho segundos, y eso se convirtió en uno de los puntos decisivos en mi vida.

Para mi sorpresa y horror, el video que tenía más de cuatro millones de entradas, miles de comentarios y carecía de sonido, se titulaba "La mujer más fea del mundo."

Hablaba de mí.

Sentí un dolor indescriptible. Imagina que alguien publica tu foto en internet y te etiqueta como la persona más fea del mundo.

Ahora agrégale miles de extraños dándote consejos de cómo darte pena de ti misma debido a tu apariencia. ¿Cómo te sentirías?

Me preguntaba una y otra vez: *¿Cómo se atreven? ¿Cómo se atreven a decirme que me ponga una bolsa sobre la cabeza para que los demás no tengan que ver mi cara tan fea? ¿Cómo se atreven a preguntar por qué mis padres no abortaron a un monstruo tan feo? ¿Cómo se atreven a darme tips sobre cómo suicidarme?*

No había forma de quitar el video. La simple idea de pensar en alguien capaz de hacer eso me enfermaba. Pensé en castigarlos. Quería que supieran cuánto me habían lastimado, que sintieran el dolor que yo sentía. Luego decidí que en lugar de rebajarme a su nivel, combatiría el video con mis logros. Primero, se lo conté a mis papás. No quería decirles porque quería protegerlos del video más de lo que deseaba protegerme a mí misma. Temía que el video los hiriese más de lo que me hirió a mí.

Y sí, se molestaron mucho, pero automáticamente se metieron en su rol de padres y trataron de hacer que quitaran el video. Lo irónico es que a pesar del daño que causó, el video nos unió más como familia. Decidimos usar esa situación como una motivación para trabajar más duro. Eso sería tan solo un bache más en el camino y juntos pelearíamos sin tomar represalias.

¿Qué lugar tiene el dolor?

¿Por qué debemos vivir ciertas cosas tan dolorosas?

Realmente no lo sé. No importa desde qué perspectiva lo veas; hay algunas situaciones que no son justas. Hay días en que parece que tu vida no tiene sentido; y lo único que tienes que hacer es pedir ayuda, cambiar lo que esté en tus manos y rezar por todo lo demás. Pero mientras tanto, ¿qué haces para sobrevivir emocionalmente?

Aquí hay cosas que puedes hacer mientras atraviesas por alguna situación difícil:

- ***No te centres en tu propio dolor.*** *Es normal sentir dolor y llorar una pena, pero no te centres en las lágrimas. Mi papá me ha dicho siempre que tengo derecho a llorar y desahogarme una vez pero que después tengo que encontrar el lado positivo. Mi mamá tiene un método similar para ayudarme a seguir adelante. Me da unos cuantos días en los que me permite sentirme triste y me ayuda, pero pasados esos días tengo que salir de la cama y comenzar a sentirme mejor.*
- ***Ten gente cerca de ti.*** *En algunas ocasiones en que nos sentimos muy mal, las personas de nuestro alrededor pueden alegrarnos haciéndonos reír o simplemente diciéndonos que somos importantes para ellas. Pero no pueden hacer nada si te encuentras encerrado en tu recámara. Descubre a las personas que tienes a tu alrededor y deja que te abracen.*
- ***Encuentra una razón para reír.*** *¿Sabías que reír reduce la producción de hormonas que causan el estrés y aumenta y libera la producción de endorfinas? Las endorfinas son hormonas que reducen el dolor y nos alegran. El refrán tenía razón… La risa es la mejor medicina. Reír es importante a pesar del día que tengas. Pero reír puede resultar muy difícil cuando te encuentras estresado, así que fuérzate a ti mismo. Cuando no tengas ninguna gana de reír, fuérzate e intenta reír por lo menos quince minutos cada día. No*

tienes que esperar a que algo gracioso suceda. Basta con sonreír y continuar: ja, ja, ja. Las investigaciones muestran que la risa fingida engaña al cuerpo de tal modo que libera las mismas endorfinas que liberaría con la risa natural, lo que hace que te sientas mejor. No importa cuán difícil sea la situación por la que estás pasando; resistirte a reír no te ayudará a sentirte mejor.

- ***Nadie puede (ni debe) lidiar con sus problemas solo.*** *Pide ayuda. Escoge a una persona buena y compasiva que se preocupe por ti, una persona cuyos consejos respetarías incluso cuando te dijera algo que no deseas escuchar. Soy muy afortunada por tener unos padres maravillosos y espero que tus padres también lo sean. Le pido a Dios que tengas al menos una persona en quien confiar, alguien que te quiera de forma incondicional. En ocasiones temes que a tus papás no les guste lo que tienes que decir. Espero que estés equivocado. Espero que te sorprendas el día que hables con ellos. Pero si tienes razón y si sientes que no tienes nadie en quien confiar, mira de nuevo a tu alrededor: una maestra, una tía o los papás de alguno de tus amigos pueden estar cerca de ti, dispuestos a escucharte y recibirte con los brazos abiertos, con cariño y amor. Lo único que debes hacer, es acercarte a ellos.*

- ***Cultiva un corazón agradecido.*** *Cuenta tus bendiciones. De hecho cada situación podría ser mucho peor, así que agradece que no lo sea.*

No todos los problemas son iguales, pero todos son importantes. No te podría decir por qué las cosas malas les pasan a las personas buenas, ni si todas las cosas malas pasan por alguna razón. Lo que sí te puedo decir es que podemos comprender algunos problemas si aceptamos la parte de responsabilidad que tenemos en ellos. El dolor te obliga a darte tu tiempo para conocerte y aprender cómo enfrentar tus problemas cuando lo único que quieres es quedarte en tu cama. Aunque todos los problemas son distintos, todos tienen algo en común: lo importante es cómo los afrontas. Evadir tus problemas no los solucionará, ni hará que desaparezcan. Enojarte, frustrarte, culpar a otros y auto-compadecerte, tampoco solucionará las cosas. Pero amarte sí lo cambia todo. Aceptarte y hacer un plan sí funciona.

Espero que nunca vivas lo que yo viví, pero recuerda: Dios nunca nos prometió que la vida sería fácil; nos prometió que su gracia transformaría el significado y el sentido de nuestras vidas. Creer que Él te ama cambiará tu vida de la misma forma que ha cambiado la vida de muchísimas personas a través de los siglos. Su mensaje es constante, su amor es eterno.

Reflexiones

- *¿Crees que la vida de los demás es mejor que la tuya? ¿Por qué?*
- *Recuerda la última vez que algo te salió completamente mal. ¿Cómo lo enfrentaste? ¿Aceptaste la responsabilidad que te tocaba? ¿Pensaste en un plan para que no te volviese a pasar?*
- *¿A quién le confías tus secretos?*

Querido Dios:

Gracias por todo lo que me das. Hoy podría ser un día hermoso, pero me siento un poco triste. Todo me preocupa. Sé que hay veces que no valoro todas mis bendiciones, olvido que tengo mucho que agradecerte. Te prometo que voy a ser mejor. Sé que puedo confiar en ti y tengo mucho que agradecerte.

Gracias porque siempre me escuchas.

Te amo.

Lizzie

CAPÍTULO TRES

Un nuevo comienzo

Dios no ve las cosas como los hombres: el hombre se fija en las apariencias pero Dios ve el corazón.

1 Sm 16:7

Durante muchos años mi meta consistió en verme como los demás. Tenía todo resuelto: si tan solo me pudiera ver un poco más normal, la gente me aceptaría. Si los demás me aceptaban, yo podría aceptarme.

No podía ir a la escuela, a la tienda, al restaurante ni al parque sin que la gente se detuviera para observarme o señalarme. Pensarás que después de años y años terminas acostumbrándote y es más fácil. Pero no. Intentaba ignorar las miradas, pero cada vez era más difícil. A pesar de hacer mis mejores esfuerzos, siempre veía a la misma persona en el espejo. Tenía un cabello muy bonito y una sonrisa encantadora, pero mi apariencia era la misma.

Durante el segundo año de preparatoria formé parte del equipo de porristas. Me encantaba animar al equipo y todas las actividades divertidas que hacíamos, pero algunas veces dudaba de mí misma porque no me sentía tan bonita como las demás. Durante mucho tiempo no mostré mi personalidad porque me sentía intimidada por las otras niñas. Estaba dejando que el lado negativo de mi enfermedad me venciera.

Daba lo mismo cuánto rezase, nunca me despertaba con apariencia normal.

Empecé a vestirme a la moda para verme mejor, pero la ropa que usaban las demás ni siquiera me quedaba bien en mi cuerpo tan delgado.

Pensaba que si pudiera vivir tan solo un día en que no se me quedaran viendo ni me juzgaran por mi apariencia, las cosas cambiarían mágicamente. Pero ese día nunca llegó.

Me cansé de dejar que los demás me definieran. Yo sabía en mi interior que era una niña maravillosa y que tenía mucha personalidad. Estaba preparada para comenzar a re-definirme como la niña inteligente, divertida, cariñosa y valiente que era. Comencé a preguntarme si yo podría aceptarme como realmente era. ¿Podría aceptar mi propia apariencia? ¿Podría dejar de esperar que los demás me quisieran y quererme a mí misma? ¿Podría cambiar mi forma de pensar ante la vida? ¿Podría comenzar hoy?

La respuesta, la sorprendente respuesta, fue sí. Podía dejar de preocuparme por mis defectos y fijarme en mis virtudes. Mi apariencia es tan solo una pequeña parte de mí y era necesario que la gente dejase de juzgar mi carácter solo por ella. No podía cambiar mi físico, pero sí podía mostrar a los demás todo lo hermoso que tenía en mi interior. Logré dejar de esperar y comencé a vivir. Me acepté y me amé.

No tuve un momento especial que me inspirara cómo amarme y aceptarme. Simplemente llegó un punto en que me quedé sin energía para odiarme. Estar enojada todo el tiempo requiere un gran esfuerzo.

Estaba preparada para enseñarle al mundo cómo debía tratarme.

Comienza desde arriba

Durante el primer año de mi preparatoria, incluso antes de ver el video de *YouTube*, decidí usar mi energía de una forma nueva y diferente. Primero, escribí una lista con las cosas que agradezco y que me hacen feliz:

- *Mi familia que me ama tal como soy.*
- *Mis perros, Bitsy y Sadie.*
- *Sacar buenas calificaciones en los exámenes.*
- *Pasar tiempo con mis amigos.*
- *Mi iPod.*
- *Gente positiva que quiere compartir su vida conmigo.*
- *Un Dios que me ama de forma incondicional.*

¿Qué cosas hay en tu lista? Escríbelas aquí.

Doce cosas QUE AGRADECER

Continué añadiendo cosas a mi lista. Si tenía un mal día, leer mi lista me hacía sonreír. No tardé en darme cuenta de que es imposible estar triste y agradecida a la vez, así que el agradecimiento me ayudó a cambiar inmediatamente mi forma de pensar y de sentir.

Sí, había aún algunas situaciones muy desagradables que me lastimaban, pero gracias a que comencé a separar mi opinión de la de los demás, el dolor ya no duraba tanto.

El mundo a mi alrededor no cambió. Sin embargo, dejé de fijarme en las opiniones negativas de los demás o en las cosas que no me gustan y puse como prioridad diaria encontrar algo que agradecer. Dejé de esperar a que las cosas cambiaran y dejé de permitir que fueran los demás quienes determinaran cómo iban a ser mis días.

Pedir ayuda a Dios

Mi siguiente paso fue iniciar una rutina de oración en las mañanas antes de levantarme de la cama.

Relacionarme con Dios a través de la oración fue algo natural; mis padres me llevaban a la iglesia cada semana y se aseguraron de que yo entendiera que Dios me amaba tanto como a cualquier otra persona.

Pensaba que tenía una buena relación con Dios, pero me di cuenta que lo que hacía era mostrarle mi lista de peticiones. Eso no es tener una relación con Dios, eso es tratarlo como si fuera Santa Claus.

En mi nueva rutina de oración, no quería limitarme a rezar las oraciones que conozco (aunque me encanta el padrenuestro y el avemaría) ni quería limitarme a recitar mi lista de peticiones. En lugar de ello, comencé a compartir mis deseos y sentimientos más profundos. Le conté a Dios las cosas que pasaban y cómo me sentía. Si al hablar con Él me encontraba culpando a los demás, paraba y volvía a comenzar. Cuando se trata de tener una oportunidad para empezar de nuevo, Dios es maravilloso. Rezaba porque mi familia y amigos tuvieran un día bonito, y le agradecía a Dios por haberlos puesto en mi vida. Le pedía ayuda para fijarme en lo que tenía que hacer en lugar de caer en las tentaciones de las redes sociales o de enviar y recibir mensajes con mis amigos para enterarme del último chisme.

Comencé a entenderme mejor (tanto a mí misma como a los demás), a apreciar el gran amor de Dios por mí y a expresar mi amor por Él.

La gratitud es tan grande que se desborda. Llena nuestros corazones de alegría. Cada vez que me sorprendo quejándome, hago una pausa para reconsiderar lo que quería decir. Estas conversaciones con Dios estaban cambiando mis pensamientos más profundos. Me estaba entrenando para ver todas las cosas positivas en mi vida y para dar gracias a Dios por cada una de ellas. Cada vez me resultaba más sencillo descubrir mis bendiciones de Dios.

Mis conversaciones con Dios no terminaban ahí. hablaba con Él a lo largo de mi día. Los descansos entre las clases y mi camino para llegar y regresar de la escuela, eran oportunidades para rezar. Descubrí que cualquier momento puede ser especial en presencia de Dios. Mientras más me fijaba en las cosas positivas, más las notaba, como el cielo y los capullos floreciendo a mí alrededor. Cuanto más las percibía, más comprendía que Dios está en todas partes. Me pregunto si todos ven la grandeza de su gloria.

Cuanto más entendamos el amor de Dios por nosotros, más tiempo pasaremos con Él. Cuanto más tiempo pasemos en su presencia, mayor será nuestra alegría y nuestra paz.

Sonríe, sonríe, sonríe

Como decía en el capítulo segundo, reír y sonreír te hacen feliz. Independientemente de mi humor, hice un esfuerzo consiente por sonreír. Cuanto más sonreía, mejor me sentía y pronto el sonreír se convirtió en un hábito. Ya he dejado de *intentar* sonreír todo el tiempo, ahora sonreír es parte de mí.

El mundo que me rodeaba no había cambiado, pero yo sí. La gente aún me veía y me señalaba, y todavía me dolían algunos comentarios crueles. Pero ahora tenía algo que hacer con esos sentimientos. Tenía muchas razones por las cuales sonreír y estar agradecida, ¡y mi lista lo demostraba!

Todos necesitamos amarnos y valorarnos hoy para comenzar a vivir en este preciso momento, en lugar de esperar a que nuestra vida sea perfecta. No importa lo que hayas pensado sobre ti mismo, ni lo que otros te hayan dicho; tengo un mensaje para ti: *amar a Dios y estar abierto para recibir su amor cambiará tu vida.*

Cada paso que des para acercarte a Él, incluso el paso más pequeño, te será recompensado con su gracia.

Puedes encontrar tu propio camino a la felicidad poniéndote en presencia de Dios a través de la oración. Solo necesitas compromiso de tu parte. Dios está dispuesto a abrazarte ahí donde estás ahora. Dios quiere que sepas lo mucho que te ama.

Reflexiones

- *Nombra cuatro cosas que desearías que fueran diferentes en tu vida.*
- *Menciona algo que has estado posponiendo*
- *¿Por qué estás esperando?*
- *¿Qué es lo más importante que quieres que Dios sepa de ti?*

Querido Dios:

Tener confianza en ti ha marcado una gran diferencia en mi vida. Sé que escuchas todas las oraciones de quienes te buscan, de todos los que te necesitan. Gracias por amarnos a pesar de todo lo que te decimos.

Te amo.

Lizzie

CAPÍTULO CUATRO

Amarnos a nosotros mismos

Y creó Dios al hombre a su imagen.
A imagen de Dios lo creó. Varón y mujer los creó.

Gn 1:27

Pasar tiempo con Dios cada mañana fue un cambio positivo. En mis mañanas tristes, simplemente me quedaba quieta y escuchaba. El tiempo que pasaba en silencio era tan útil y productivo como los días en que pensaba sobre mi vida, mis sueños, mis deseos y lo que me había salido mal. Comencé a sentirme más tranquila, paciente, menos irritable durante el día. Las cosas no me molestaban tanto. Estaba más relajada y vivía mejor.

Pero todavía tenía algo por hacer: tenía que aceptarme a mí misma y construir mi autoestima. Contar mis bendiciones se había convertido ya en un hábito, y esto me mantenía con una sonrisa, pero había veces en las que aún me sentía sumamente preocupada por mi apariencia. Uno de mis errores más grandes fue compararme con los demás. Cada vez que veía a alguna amiga o a una niña que no conocía, pensaba automáticamente: su cabello es mejor que el mío, o comenzaba a comparar nuestra ropa o maquillaje.

Comencé a repetirme que era yo quien causaba esos malos pensamientos. Todo estaba en *mi* cabeza y *yo* era la única persona que podía cambiarlo. Cada vez que me comparaba con alguien, hacía una pausa para decirme al menos una cosa buena sobre mí, de modo que cambiase lo negativo por algo positivo. Si me encontraba a una niña que lucía sus pantalones mejor que yo, me decía: *¡Bueno, por lo menos hoy mi cabello es muy hermoso!* Darme cuenta de todo el tiempo que pasaba comparándome con las demás me ayudó a cambiar lo que pensaba de mí misma.

Era el momento de cambiar mis pensamientos más profundos, de dejar de culpar a otros por mi infelicidad y, sobre todo, de dejar de culparme a mí misma.

Quería ser capaz de construir mi autoconfianza tan solo presionando un interruptor y ¡listo!, pero las cosas no sucedieron así. Era como cultivar una planta y esperar a que los retoños florecieran.

Una mañana muy temprano pedía a Dios que me ayudara a cambiar lo que pensaba sobre mí misma. Estaba mejorando en ver lo positivo, pero ver y creer lo negativo, todavía era demasiado fácil para mí.

Imaginé como si hubiera una gran roca frente a mí. La roca representaba mis pensamientos negativos. Tenía que escalar la roca o bien quitarla de mi camino. No sabía muy bien cómo lo iba a lograr, pero sí estaba completamente segura de que ya no quería tener esa roca en mi camino.

Decidí comenzar haciendo un inventario de mis cualidades positivas. Sabía que las tenía, pero pensaba en ellas de una en una.

Necesitaba ver todas en conjunto, así que decidí escribirlas para poderlas ver todas a la vez. Esto es lo que escribí:

Lista de cosas que me encantan de mí

Tengo cabello largo.

Tengo una sonrisa bonita.

Soy interesante.

Tengo un buen estilo.

Tengo un gran sentido del humor.

Me encanta conocer gente nueva.

Soy leal.

Soy alguien con quien se puede contar.

Soy divertida.

Soy honesta.

Soy considerada.

Me gusta compartir mi historia.

Soy una gran amiga.

Estoy dispuesta a ayudar a quienes me necesitan.

Soy determinada.

Soy ambiciosa.

Al principio, creerme todo lo que escribí en mi lista fue algo difícil. Las dudas me asaltaban, pero me repetía que cada línea de mi lista era verdad y tenía que aprender a creerlo.

Ahora es tu turno. ¿Qué te encanta de ti? ¡Puede ser cualquier cosa! Tu inteligencia, tu sonrisa, o cómo siempre te acuerdas de dar las gracias o detener la puerta para que pase la persona que camina detrás de ti. Pueden ser tus excelentes habilidades organizativas, tu amabilidad hacia los demás, tu honestidad.

Pueden ser tus pestañas largas, lo lindo que se ve tu cabello cuando lo recoges en una colita, lo alto que puedes saltar en tu cama o el sonido de tu risa. ¡Lo que sea! Piensa en tus logros. Haz una lista de todas las cosas en la que eres bueno: tus talentos y tus habilidades ponlos en la siguiente página. Piensa en todos los elogios que has recibido. No te preocupes por parecer engreído, todos tenemos derecho a tener un ratito para ser un poco engreídos y valorarnos más.

Si te resulta difícil comenzar, pídele a alguien cercano que te ayude. Pregúntale lo que le gusta de ti y luego sigue adelante. Una vez que hayas iniciado será mucho más fácil porque cada idea te dará una nueva idea.

LISTA DE COSAS QUE TE ENCANTAN DE TI

Una vez que estés contenta con tu lista, al menos por ahora, repásala una y otra vez hasta que se convierta en parte de ti. Cuanto más creas lo que dice tu lista, más fácil te será cambiar la forma en que te sientes con respecto a ti. Construir tu autoestima llevará algo de tiempo y puedes encontrar algunos baches en tu camino. Tal vez esto te ayude: *fuiste creada a imagen y semejanza de Dios.* Recuérdalo y repítelo constantemente.

Usa cada punto de tu lista para descubrir y desarrollar nuevos talentos y habilidades.

No tienes que esperar al próximo semestre ni a ser mayor ni a lograr algún cambio: puedes amarte ahora mismo.

Cada vez que te sientas abrumada o que sientas que no eres buena para algo, piensa en tu maravillosa lista de cualidades, y esto centrará tu atención en algo positivo.

También te ayudará a proyectar confianza a lo largo de tu día. Camina con la frente en alto, sonríe y cree en ti misma. Sé tu propio ejemplo positivo.

Recuerda: solo una persona puede cambiar tu vida. ¡Tú eres esa persona!

Reflexiones

- *¿Te sorprendió todo lo que escribiste en tu lista?*
- *¿Te sorprendió algo que escribiste en tu lista? ¿Por qué?*
- *¿Qué harás la próxima vez que te sientas mal contigo misma?*

Querido Dios:

Mi corazón está lleno de gratitud por todas aquellas personas que están dispuestas a compartir su vida y su felicidad conmigo. Su alegría es mi alegría. Gracias por haberlas puesto en mi camino.

¡Gracias por este día!

Con amor.

Lizzie

CAPÍTULO CINCO

Cambiar tu forma de pensar

Cada uno decide dentro de sí su camino,
pero Yavé asegura sus pasos.

Prov16:9

¿Qué es lo que quieres? ¿Hacia dónde vas? ¿Buscas una vida diferente? ¿Por qué? Para ayudarte a comprender lo que significa la belleza verdadera para ti, usa cada punto de tu lista para construir un nuevo "tú" más hermoso. Piensa en tus habilidades y talentos; idea nuevas formas para usarlos. No tienes que esperar hasta el próximo semestre para utilizarlos. Puedes amarte ahora mismo. Puedes cambiar lo que sientes sobre ti mientras escribes la lista.

Y cada vez que te sientas abrumada o sientas que no eres lo suficientemente buena, piensa en tu lista y en todas tus maravillosas cualidades. Como todo en la vida, hacer tu lista y construir tu autoestima llevará algo de tiempo. Tendrás que ejercitarte en creer tu versión de belleza.

Esto te puede ayudar: *fuiste creada perfecta a los ojos de Dios.* Algunas veces te lo tienes que recordar. Yo lo hago.

El viaje para construir tu versión de la belleza podrá tener baches. Basta con no perder de vista tu destino, que no consiste en la "belleza externa"; consiste en ser amable y atenta, en tener un ideal y en tener confianza en ti misma. ¡Esa es la verdadera belleza!

¿Cómo te sientes?

La solución a muchos de mis problemas estaba totalmente fuera de mi alcance. Por ejemplo, me sentía sola e incomprendida, pero el saber por qué me sentía así no implicaba que pudiera hacer algo al respecto. Si no podía cambiar las causas, ¿significaba que siempre me sentiría así? ¿Sería feliz algún día?

Decidí sentarme con papel y pluma, y plantearme una serie de preguntas sobre mi vida. Luego respondí las preguntas de la forma más honesta. Cuando terminé, analicé mis respuestas y descubrí que la única forma de cambiar mi vida, era cambiando yo. No podía hacer nada para cambiar los recuerdos ni las heridas, pero podía ver las cosas buenas a través de ellos. Y cuando empecé a fijarme en lo positivo, las cosas negativas comenzaron a desaparecer poco a poco.

Ahora es tu turno. Apaga el teléfono, la televisión y la computadora, y encuentra un lugar tranquilo para escribir. Plantéate las siguientes preguntas y reflexiona sobre cada una antes de responder. No hay respuestas correctas o incorrectas en general, pero sí hay respuestas correctas o incorrectas para ti. No te preocupes, si eres honesta, contestarás correctamente.

¿Con frecuencia te sientes olvidada? ¿Por qué si o por qué no?

¿Sientes que nadie te comprende?

¿Qué te hace sentir así?

Piensa en alguna pelea que hayas tenido con tu mamá, un hermano o tu mejor amiga. ¿Qué hubieras podido hacer de forma distinta?

¿Tienes miedo de no poder ser feliz en tu vida? ¿Por qué?

¿Todavía te persiguen los malos recuerdos? Menciona uno. ¿Por qué te sigue molestando? ¿Qué necesitas para dejar ese recuerdo en el pasado?

¿Tienes alguien con quien compartir estas ideas, alguien en quien puedas confiar? De ser así, nombra a esa persona.

¿Estás reprobando en la escuela? De ser así, ¿por qué?

¿Qué puedes hacer para cambiar tu vida hoy?

¿En qué empleas la mayor parte de tu tiempo? ¿Sueles posponer las cosas en vez de trabajar en ellas? ¿Crees que cada persona tiene una misión en la vida?

¿Cuál es tu pasión?

¿Qué quieres que sea diferente en este momento de tu vida? ¿Y la próxima semana?

¿Y el próximo año?

¿Cómo sería tu día perfecto?

¿Cómo te sientes con respecto a Dios?

¿Vas a la iglesia? ¿Por qué?

Nombra tres personas a quienes echas la culpa de tus problemas.

¿Te has culpado alguna vez por tus problemas?

Estas son algunas de las preguntas con las que no queremos lidiar normalmente y responderlas suele ser difícil. Sin embargo, las respuestas son muy importantes.

Reflexiones

- *¿Responder a las preguntas de este capítulo te ha ayudado a ver las cosas desde una perspectiva diferente?*
- *¿Alguna de tus respuestas te ha hecho ver que hay cosas que sí puedes controlar?*
- *¿Alguna de las respuestas te ha ayudado a comprender que hay ciertas cosas que solo Dios puede controlar?*

Querido Dios:

Te pido que me acompañes. Hay veces que tengo miedo de cambiar. Hoy necesito saber que no estoy sola y que conoces lo que tengo dentro de mi corazón. Gracias por este nuevo comienzo y por responder a mis oraciones. Ayúdame, te lo ruego, para reconocer y a aceptar las nuevas oportunidades que tengo para aprender y crecer como persona.

Con amor.

Lizzie

CAPÍTULO SEIS

Perdonar las ofensas

Más bien sean buenos y comprensivos unos con otros, perdonándose mutuamente como Dios los perdonó en Cristo.

Ef 4:32

Dediqué demasiado tiempo a preguntarme *por qué yo*. Incluso me enojé con Dios por haber permitido que yo fuera tan diferente. No podía entender por qué quería que viviera problema tras problema sin alguna razón aparente. Aunque muy en el fondo sabía que tenía una familia maravillosa, amigos que me apoyaban y una enorme voluntad para salir adelante, por fuera sentía como si viviera de caída en caída.

En público, la gente me trata como si fuera algún tipo de creatura rara. Ni la ropa ni el maquillaje podían cambiarlo. Y ahora, además, había desconocidos que me atacaban en internet. No importaba a donde fuera, no podía escaparme de las críticas.

Empecé a llenarme de resentimiento. Estaba frustrada y molesta con todos los que me juzgaban. Quería gritar desde la cima de una montaña: "¡Soy tan normal como ustedes!" Tenía presente cada recuerdo de cada persona que me había lastimado. Cada mirada, cada comentario hiriente, cada mensaje cruel era como una de esas cortadas que te haces con una hoja de papel: sucede tan de prisa y aunque muchas veces ni siquiera la puedes ni ver, te duele hasta que sana.

Incluso Dios estaba en mi lista de lo que me hace enojar. Por más que rezara, no hacía mi vida más fácil. Quería que todo se arreglara rápido: quería que Dios hiciese desaparecer mi síndrome. Nunca se me ocurrió que incluso las personas que no tienen ningún síndrome y se ven como cualquier otro, también tienen sus dificultades.

Una tarde decidimos ir al cine en familia. Nos detuvimos para comprar un par de bolsas de palomitas (nos encantan las palomitas). Todo iba perfecto hasta que unas personas comenzaron a verme y a señalarme. Quería hacer como si no existiesen, pero mientras me alejaba, mi papá caminó hacia ellos. En lugar de reclamarles por burlarse de su hija, simplemente les dijo que rezaría por ellos. Más tarde mi papá me dijo que las personas que hacen las cosas con malas intenciones, son las que más necesitan de nuestras oraciones. Necesitan que Dios los ilumine y les recuerde que sus acciones pueden herir a los demás. Nunca olvidaré lo mucho que me impresionó la conducta de mi papá. Ese día aprendí muchas cosas.

Y ahí es cuando las piezas del rompecabezas comenzaron a encajar: no podría continuar con mi vida ni estar contenta conmigo misma hasta que perdonara a todos los que me habían lastimado.

Lo primero que debía hacer era arreglar mi situación con Dios. Dejé de ver mi síndrome como un letrero grande y llamativo con la palabra *maldición* y comencé a verlo como un letrero brillante y hermoso con la palabra *bendición*. Dios me había enseñado, a través de mi papá, que todas las personas que me habían herido y lastimado tanto, eran precisamente las que estaban más necesitadas de oración.

Era el momento de aprender a perdonar a las que me habían ofendido.

Perdonar a los demás

Perdonar es *elegir* abandonar el odio, el resentimiento y los deseos de venganza para seguir adelante con tu vida. Después de esa noche en el cine, comencé a rezar y perdonar a las personas que habían hecho comentarios sobre mí en *YouTube*. Cada persona que me había visto feo, cada persona que me había ofendido, estaba en mi lista de oraciones. Dejé atrás el pasado y olvidé a quienes me habían señalado.

Rezaré por ellos cada noche, pidiendo a Dios que me ayude a perdonarlos de corazón y que los ilumine con su gracia. Así como ellos no conocen mi historia, yo desconozco la suya, y no los puedo juzgar por una simple acción.

En una de las conferencias que he dado en escuelas primarias, un niño de tercer grado me preguntó si perdonaba a los que publicaron el video. Esa pregunta me sorprendió y me hizo permanecer en silencio un momento. Nadie me lo había preguntado.

¿Los perdono? Me sentí muy orgullosa al descubrir que podía decir con toda certeza que sí, que los perdono. Si no los perdonara, me quedaría atrapada en el pasado, prisionera del resentimiento y rencor hacia ellos. No hay razón para aferrarse a esos sentimientos.

Al perdonarlos de corazón, encontré un sentimiento de paz que me hacía falta. Nunca podré olvidar ese video. Siempre será parte de mi vida. Pero dejar mis sentimientos de ira y venganza, le ha quitado su poder.

No sé por qué lo hicieron ni sé por qué hubo personas que escribieron comentarios tan hirientes, pero siguiendo el ejemplo de mi papá, rezo por ellos.

No me malinterpreten, no estoy diciendo que el video ya no importa. Lo que digo es que puedes perdonar a la persona, sin excusar el hecho.

La pena y el dolor que sentimos como el resultado de las acciones de otras personas pueden ayudarnos a ser más amables y comprensivos. Gracias a lo que me hicieron esas personas, jamás le haría algo así a alguien. Todos necesitamos aprender a perdonar. Si te resulta difícil, si piensas que la persona que te ofendió no se merece tu perdón, piénsalo de nuevo. Dios perdona cada uno de nuestros pecados todos los días. Si Dios puede perdonarnos, podemos encontrar la forma de perdonar. Parte de mi misión en la vida es ayudar a los demás a dejar el odio y la hostilidad, a dejar atrás el resentimiento y el rencor, y a entender cómo no perdonar daña la calidad de nuestras vidas.

Puedo ser Lizzie, la mujer más fea, o puedo ser Lizzie, la autora de *Sé bella, sé tú misma*. Yo elijo la etiqueta.

Pedir a los demás que te perdonen

¿Qué pasaría si fueras *tú* quien necesitara ser perdonada?

Analiza la situación con honestidad preguntándote qué sucedió realmente y a quién ofendiste. No te juzgues a ti misma. Todos cometemos errores, incluso cuando no hacemos algo con mala intención.

¿Has dicho o has hecho algo para lastimar a alguien? ¿Lo sientes? ¿Quieres arreglar la situación? ¿Quieres pedir perdón? ¿Qué te gustaría lograr? ¿Le has encomendado a Dios esa situación? ¿Estás preparada para admitir lo que pasó? ¿Te arrepientes de tus palabras o de tus acciones?

Considera lo que vas a decir. No inventes excusas, simplemente di que lo sientes, que desearías que no hubiera sucedido, y que si estuviera en ti cambiar lo que pasó, lo harías.

No puedes obligar a otros a escucharte ni a perdonarte. Cada uno tiene el derecho de decidir si quiere perdonar o no. Dales tiempo y espacio para pensar las cosas y no te enojes si se niegan a perdonarte.

Pase lo que pase, el perdón es un regalo que tú te das a ti misma.

Reflexiones

- *¿Te sientes culpable por algo? ¿Por qué? ¿Qué puedes hacer para dejar de sentir esa culpa?*
- *Piensa en alguien que te haya ofendido. ¿Lo puedes perdonar?*
- *Piensa en alguien a quien hayas ofendido. ¿Le has dicho que lo sientes y le has pedido que te perdone?*

Querido Dios:

Necesito que me ayudes a perdonar a quienes me ofenden. Estoy enojada. Me duele que me señalen. Muchas veces desearía que sufrieran lo que yo sufro para que sepan lo que siento. Sé que esto está mal y necesito dejar el resentimiento que tengo en mi corazón. Sé que debo perdonarlos incluso si ellos no me lo piden. Ayúdame a perdonar a los que me ofenden, así como Tú me perdonas. Lléname con tu comprensión.

Con amor.

Lizzie

CAPÍTULO SIETE

Encuentra tu pasión

No sigan la corriente del mundo en que vivimos, sino más bien transfórmense a partir de una renovación interior. Así sabrán distinguir cuál es la voluntad de Dios, lo que es bueno, lo que le agrada, lo que es perfecto.

Rom 12:2

Uno de los pasos más grandes en mi camino de autodescubrimiento, fue aceptar compartir mi historia con un grupo de alumnos del primer año de preparatoria. Al principio me negué a hacerlo, pero insistieron, me lo volvieron a pedir otra vez. Todos me animaban a compartir mis éxitos y mi historia tan única.

Tengo que ser honesta: lo último que quería hacer era pararme en un escenario frente a un público que no haría más que fijarse en mí. Todos mis miedos se me presentaron a la vez. Pero después de muchísima motivación y muchísima más oración, acepté la invitación.

La noche anterior me senté frente a mi computadora y me pregunté: si yo estuviera en el público, ¿qué me gustaría escuchar?

La idea que quería transmitir no se limitaba simplemente a cómo vivir con nuestros problemas; yo quería transmitir que todos tenemos problemas, pero cuando tropezamos, hemos de levantarnos: una y otra vez, las veces que sea necesario y vivir como debemos vivir.

Decidí que la mejor forma de transmitir mi idea sería hablar de mi vida y de cómo llegué a donde estoy. El público sabría que soy diferente tan solo con verme, así que comenzaría explicando mi condición: cómo mi cuerpo no tiene la capacidad de almacenar grasa y mantener el músculo, por lo que debo comer durante todo el día.

Ya que Dios es una gran parte de mi vida, también hablaría de mi fe. Finalmente hablaría de lo que tenemos en común. Diría que mis amigos son muy importantes para mí y que me preocupan mis calificaciones, igual que a ellos. Después, con la esperanza de hacerlos reír, les diría que me encanta ir de compras.

Una vez que supe lo que quería decir, las palabras fluyeron de forma natural y pronto estaba terminado mi discurso. Me sentí muy bien porque comprendía que tenía algo importante que decir. Sin embargo, el día de la conferencia me sentía más que nerviosa. No podía creer que me hubiese dejado convencer. Me preocupaba mi apariencia y mi voz: ¿Sería capaz de pronunciar alguna palabra? ¿Me escucharían? ¿Se irían? Mi vida había mejorado mucho, ¿necesitaba otra mala experiencia?

Pero antes de poder abandonar el lugar, escuché mi nombre seguido de un caluroso aplauso dándome la bienvenida. Al ver al grupo de cuatrocientos estudiantes, olvidé repasar el discurso que había preparado con tanta dedicación, y en lugar de ello, comencé a hablar sobre cómo se siente ser siempre la rara, sin importar a dónde vaya. Les hablé con el corazón en la mano. Y respondieron bien. Había momentos en que se quedaban en silencio, atendiendo a mis palabras. Algunas veces asentían con la cabeza. Incluso hubo algunas risas y carcajadas.

Al final me aplaudieron emocionados y para mi sorpresa se pusieron de pie. Mi primera conferencia había sido todo un éxito. Dos cosas sucedieron en ese momento: mi corazón se llenó de un gran orgullo y reconocí mi misión: quería convertirme en conferencista motivacional.

¡Y pensar que casi digo "no" a esa gran oportunidad!

¿Cómo descubrir tu pasión?

Encontrar tu misión en la vida no es tan difícil. Puedes descubrir tu misión fijándote en lo que es importante para ti, la forma en que pasas tus días y el modo como te percibes a ti misma.

Debes estar dispuesta a dedicar mucho tiempo para encontrar la respuesta a tus preguntas. Una vez encontrada, debes preguntarte si eso es lo que quieres de vedad. Puede ser que estés llamada a ser más de una cosa, así que no te limites a una sola idea.

Tu pasión y tu propósito van de la mano. ¿Qué te gusta hacer? ¿Qué es lo que *realmente* te gusta hacer? ¿Qué podría llenar tus días de una emoción tal que perderías la noción del tiempo? ¿Qué crees que podrías hacer cada día sin perder el interés en ello?

Reflexiona sobre tus respuestas. Pregúntate si esa pasión es algo en lo que eres buena o si es tu talento natural. Querer ser una gran cantante está bien, pero si no puedes cantar una nota sin hacer que la gente se tape los oídos, las probabilidades indican que deberías seguir buscando.

Si no fuiste capaz de resolver esas preguntas, no quiere decir que no tienes una pasión. Simplemente no la has encontrado y eso también está bien. Mientras te mantengas abierta a vivir nuevas experiencias, la encontrarás; y cuando la hayas encontrado, seguro que lo sabrás.

Escribe tu declaración de objetivos

Una vez que hayas identificado tu pasión y tu misión, escribe la declaración de objetivos. Esta declaración responde a la pregunta: *¿para qué fui creada?* Una de las primeras etapas para iniciar un negocio u organización es redactar la declaración de objetivos. Sin embargo las declaraciones de objetivos no son para uso exclusivo de las empresas y organizaciones; también son para uso de las personas que quieren asegurarse de cumplir su misión en la vida.

Continuamente me encuentro con jóvenes que no tienen idea de lo afortunados que son. Tienen mucho talento y son divertidos. Pueden ser buenos oyentes o grandes líderes, y están llenos de entusiasmo y de energía.

El problema es que no son consientes de sus cualidades. Mi trabajo, como lo veo, es ayudarles a reconocer sus cualidades. Les ayudo a comprender que tienen la responsabilidad de aprovechar al máximo y usar sabiamente todas sus potencialidades e insisto en esto porque cada uno tiene talentos y virtudes únicas. Tienen una gran responsabilidad que afrontar porque algún día se les pedirá cuentas de sus éxitos o de sus fracasos. ¿Cómo integré lo anterior en una declaración de objetivos? Me llevó su tiempo, pero quedó así:

Quiero ayudar a las personas a reconocer que tienen un conjunto de cualidades y talentos únicos y, por ello, tienen la responsabilidad de usarlos con sabiduría.

Me encanta ver sus caras iluminadas cada vez que lo logro. Ellos lo notan y yo también me siento feliz, pues el motivarlos a ellos, *ellos* me motivan a *mí*.

Hay días en los que recuerdo compartir estos mensajes conmigo misma. Trato de reconocerme y valorar mis propios esfuerzos cada vez que lucho y hago un buen trabajo. Cuando logro una meta, dedico un poco de tiempo a disfrutar lo bien que se siente haberlo conseguido. Me trato a mí misma como trato a cualquier otra persona: justo como me gustaría que me trataran.

Ahora es tu turno. Aquí tienes algunas preguntas que te servirán como guía:

- *¿A quién quieres ayudar?*
- *¿Eres creativa?*
- *¿Tienes facilidad para resolver problemas?*
- *¿Eres discreta?*
- *¿Emprendedora?*
- *¿Te gusta aprender?*
- *¿Te gusta hacer cosas?*
- *¿Hay algo más en ti, algún talento especial, alguna cualidad, lo que sea, que deberías incluir en tu declaración de objetivos?*

Apóyate en tus respuestas para redactar tu declaración de objetivos en un solo enunciado en este espacio:

Vive lo que crees, vive tu vida

Probablemente Dios no tenga planeada una vida ordinaria y aburrida para ti. Si tu vida es "siempre lo mismo, siempre lo mismo", tal vez es hora de que te replantees tu relación con el Creador. Comienza por tener una buena conversación con Dios, no olvides que conversar también implica escuchar.

Hay todo un mundo por descubrir y tu tarea consiste en encontrar tu lugar en él. Recuerda que cada éxito formará parte de la base sobre la cual has de construir tu destino. Muchas veces basta con iniciar y observar a dónde te lleva cada acción.

Reflexiones

- *¿Eres capaz de pasar todo un día sin decir "no puedo"?*
- *Completa esta frase: quiero de verdad....*
- *¿Por qué hay gente que triunfa y gente que no?*

Querido Dios:

Sé lo paciente que has sido conmigo

Día tras día me has dado oportunidades para reconocer mis talentos. Nunca imaginé que un día me pararía frente a un público para compartir mi historia. Ahora comprendo mi vida mejor. Confío en ti y ¡apenas puedo esperar para descubrir qué es lo que tienes preparado para mí!

Con amor.

Lizzie

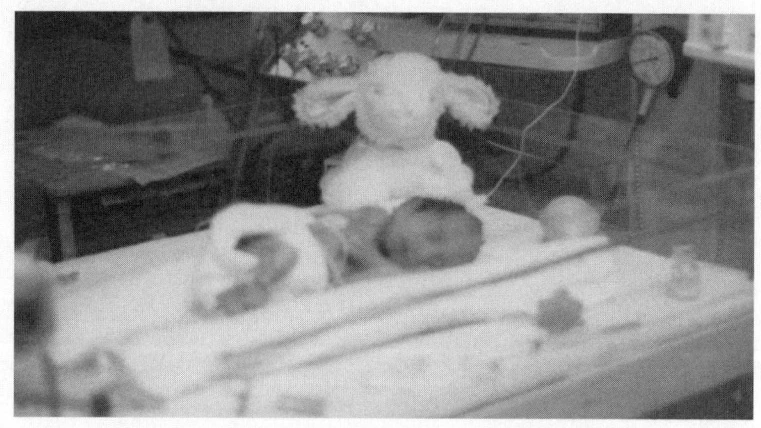

Aquí aparezco yo con solo unos días de nacida.

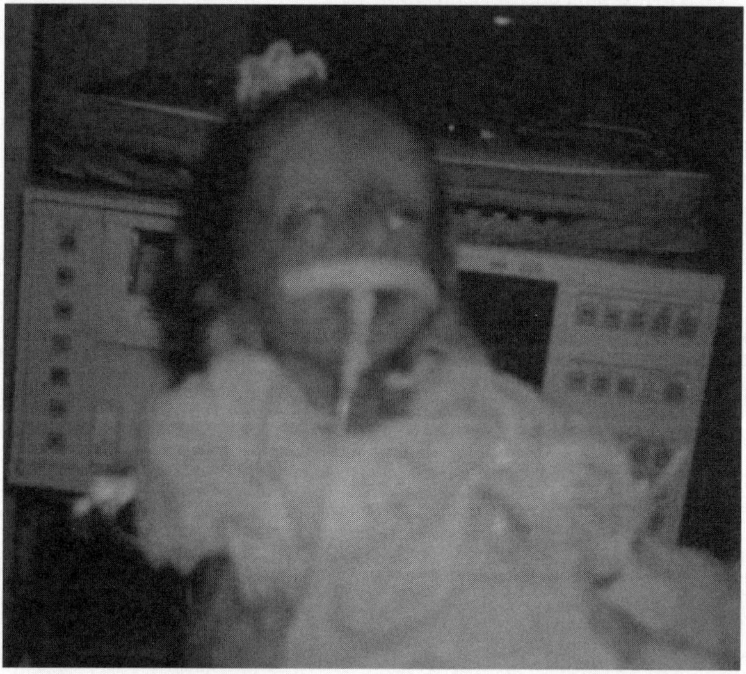

Tuve que ser alimentada con una sonda.

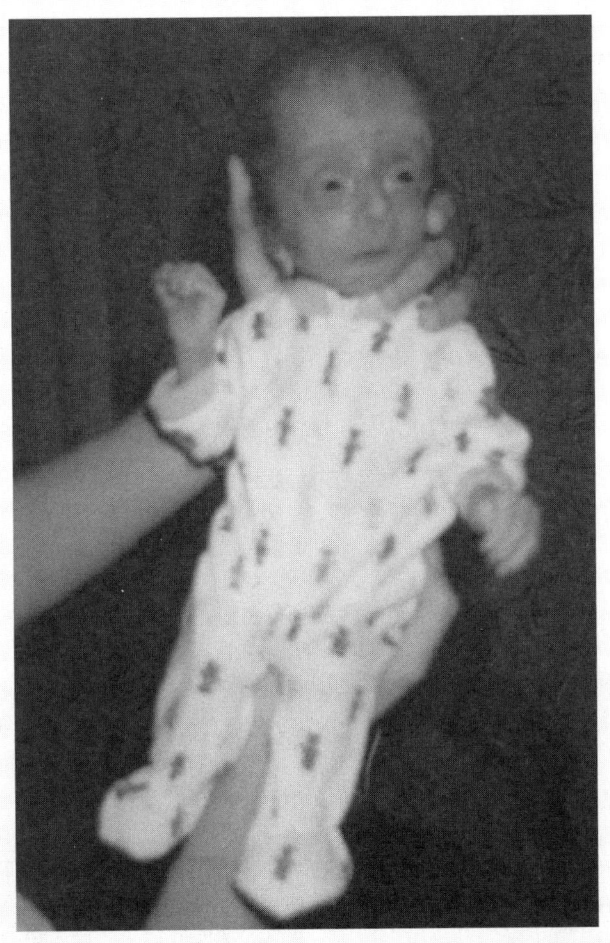

Mi ropa de bebé era en realidad ropa de muñeca.

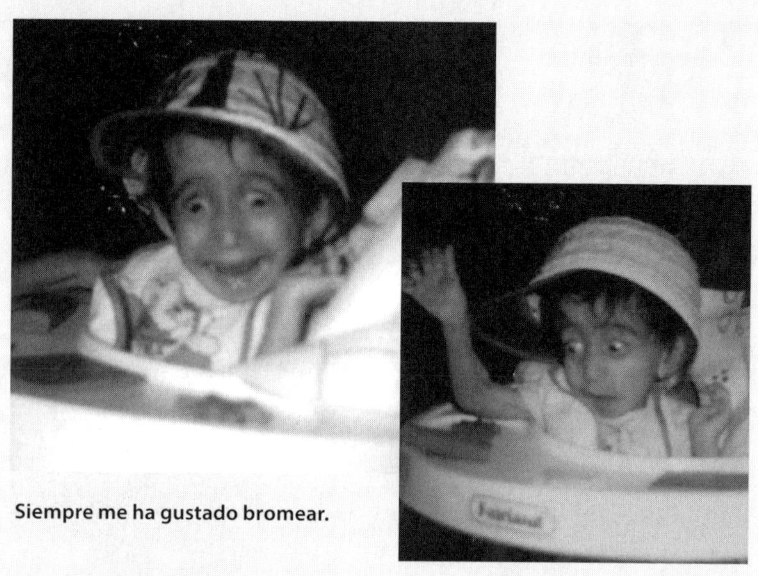

Siempre me ha gustado bromear.

Mi primer cumpleaños.

Aquí me están maquillando para una entrevista en el programa *Sunday Night* de Australia.

Durante una entrevista de radio en el *The Bobby Bones Show.*

Mi mamá y yo con el Dr. Drew.

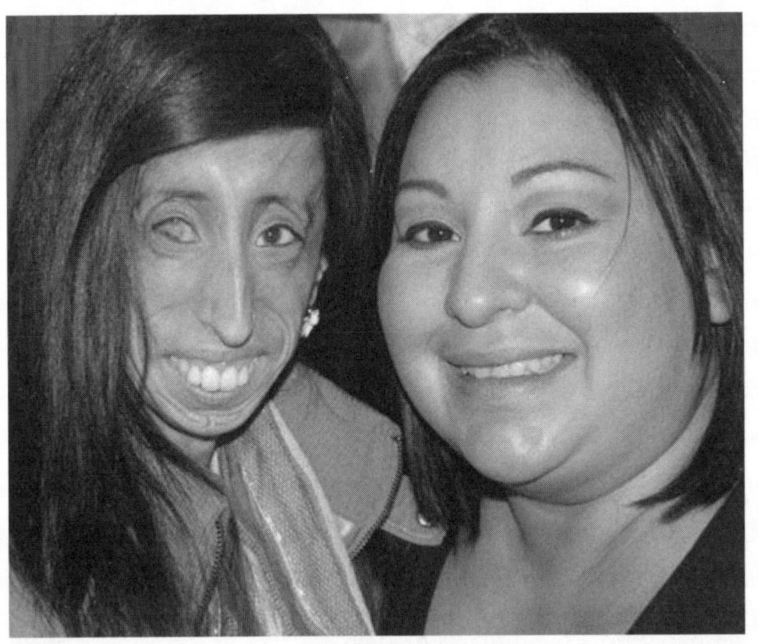

Mi tía Stephanie.

Navidad con mi familia.

Mi cumpleaños 23 con Román, uno de mis mejores amigos.

Conferencia sobre el bulismo en una escuela elemental.

Filmación de un programa para el canal National Geographic.

Mi amiga Vicky.

Mis amigas Kia y Jessica.

En el boliche con mis primos Andrea, Rebecca y Cheyanne.

Mis tías Lisa y Elia.

Rebeca y Andrea.

Mi papá.

Mi hermano Chris.

Con mi mamá en un partido de béisbol colegial.

Mi hermana Marina y mi hermano Chris.

Filmación de una cena con mi familia y amigos
para el canal National Geographic.

Chris y Marina.

CAPÍTULO OCHO

¡En sus marcas, listos, metas!

Comienza por tu trabajo de afuera,
preocúpate en primer lugar de tus campos;
después de eso podrás agrandar tu casa.

Prov 24:27

Mis padres desarrollaron en mí una fuerza interior que yo he seguido consolidando. Me enseñaron con su ejemplo a no rendirme nunca, a encontrar soluciones a mis problemas, a seguir adelante, incluso cuando el camino fuera desgastante y a asumir la responsabilidad de mí misma, proponiéndome metas y siendo constante hasta conseguirlas.

Escribí una frase que expresaba mi misión y elaboré mi primer listado de metas a largo plazo mientras estaba en la preparatoria. Son estas (y sí, sí las escribí):

- *Convertirme en una conferencista motivacional*
- *Escribir un libro sobre mi vida*

- *Graduarme*
- *Tener una familia*

Cuando tenía veintiún años ya estaba en mi quinto año como conferencista motivacional y ya se había publicado mi primer libro, tanto en inglés como en español. Ahora tengo veintitrés y en unos meses cruzaré el estrado para recoger mi diploma de la Universidad. Ah, y tú estás leyendo mi segundo libro.

Pronto me di cuenta, sin embargo, de que estos logros no bastaban. Lograr tres de mis metas fue una enorme satisfacción, pero no podía dejar de pensar en qué más podía conseguir.

En lo personal creo que mucha gente no ha dedicado el tiempo suficiente a pensar en lo que quiere lograr y, por lo tanto, no ha hecho su lista de compromisos, lo cual se parece mucho a planear un viaje sin tener idea del destino.

Si ya has escrito una frase que exprese tu misión, entonces ya sabes a dónde vas. Ahora ya puedes centrarte en cómo llegar ahí. El "cómo llegar ahí" es lo mismo que tu lista de metas. El hecho de escribirlas las hace más reales, de tal manera que lo que tú quieras se convierta en realidad. Comienza por hacerte estas preguntas:

1. *¿Cuáles son las tres cosas quiero lograr esta semana?*
2. *¿Cuáles son las tres cosas quiero lograr antes de que termine el año?*
3. *¿Cuáles son las tres cosas que quiero lograr para el siguiente aniversario de alguna fecha especial para mi vida? (este aniversario puede celebrar algún evento especial, como tus trece, tus quince o tus dieciocho años).*

Para elaborar estas listas se requiere contar con un par de minutos para pensar en tus tres metas para el próximo año y tus tres principales objetivos para más adelante.

Mis tres metas PARA EL PRÓXIMO AÑO

Mis tres metas PARA MÁS ADELANTE

Ahora sabes lo que quieres hacer. Falta descubrir cómo y cuándo hacerlo.

Algunas veces puede intimidarnos o incluso atemorizarnos mirar a nuestra lista de metas. Eso es natural y es completamente normal; siempre y cuando no dejes que eso te detenga.

Pero, ya en concreto, ¿qué hay que hacer para lograr nuestras metas? Elabora un mapa detallado. Primero, toma pluma y papel. Cualquier papel o pluma pueden servir, sin embargo, puede resultar más divertido tomar una libreta con colores que nos gusten o incluso un diario; de la misma manera, una pluma especial que solo empleemos para este propósito.

Para cada uno de tus propósitos haz esto:

1. *Escribe tu meta.*

2. *Piensa los elementos que te ayudarán a dar los pasos para lograr dicho objetivo. ¿Necesitas tomar clases de algo, hacer alguna lectura, entrar a algún grupo, comprar algunos artículos o algún equipo? Escribe esos pasos importantes.*

3. *Ahora hace falta descomponer esos grandes pasos en unos más pequeños. Por ejemplo, si necesitas tomar clases para lograr tu objetivo, entonces falta encontrar dónde se están impartiendo esas clases, en qué horario y cuánto cuestan. Si necesitas llevar a cabo algunas lecturas, hará falta ir a una librería. Anota los pequeños pasos.*

4. *Hay que descomponer aún más esos pequeños pasos. Sigue detallándolos aún más hasta que tengas una lista completa de lo que necesitas hacer exactamente.*

5. *Márcate una fecha límite. Si normalmente cumples tus objetivos en el plazo fijado, proponte una fecha en la que quieres lograr cada meta y escríbela entre paréntesis. Si eres de los que nunca cumples tus plazos, escoge una fecha en la cual te propongas estar a la mitad del camino, luego escoge otra fecha para lograrla completamente. Saber que tienes una fecha límite te dará aún más ánimos para lograr las cosas.*

Te doy un ejemplo. Si uno de tus objetivos es involucrarte más en tu Iglesia, esta podría ser tu lista:

1. *Meterme en el sitio web de mi parroquia y leer la descripción del puesto para ser voluntario (1º de mayo).*
2. *Decidir para cuál de los puestos quiero aplicar (3 de mayo).*
3. *Contactar con el responsable del grupo y preguntarle qué hay que hacer (10 de mayo).*
4. *Seguir las instrucciones del responsable (15 de mayo).*

No es tan difícil ¿verdad? Estarás tan entretenida en reducir tu meta a pequeños pasos que, antes de ponerte nerviosa o de sentir inseguridad, ya habrás terminado. Verás como estarás ansiosa de comenzar y de arrancar de inmediato con el punto uno.

Después de que yo hice mi lista, comencé a compartir mis metas de cada día con mi compañera de habitación. Cada mañana escribíamos lo que queríamos llevar a cabo a lo largo del día. Manteníamos un sistema de puntos y, si cumplíamos con lo que nos habíamos propuesto para ese día, sumábamos un punto. La primera en conseguir cinco puntos ganaba un premio, que consistía normalmente en algo de comer, pues ambas amábamos los tacos.

Si eres de una naturaleza competitiva como la mía, intentar vencer a un amigo te ayudará a ser más productiva, incluso cuando no tengas ganas.

Reimagina tu vida

Date el tiempo de sentarte e imaginar que has cumplido cada una de las metas de tu lista, tanto las inmediatas como las de largo plazo. Imagina los obstáculos que has tenido que superar, todas las veces que querías rendirte pero que no lo has hecho; todas las veces en las cuales estabas desanimada pero seguiste luchando. Ahora piensa cómo te sentirías al ir repasando en tu lista cada uno de los logros. Imagina la alegría y el orgullo de haberte mentalizado con algo y de haber trabajado duro para lograrlo.

¿Puedes ver la sonrisa en tu rostro? Piensa qué emocionada estarás al compartir tus logros con las personas que amas. ¿El solo hecho de pensarlo agrega un poco más de energía a cada uno de tus pasos?

¡Ahora es tiempo de ponernos a trabajar! Cada vez que te sientas desanimada o que creas que no vas a lograr alguna de tus metas, recuerda lo bien que te sentirás una vez que lo hayas conseguido.

Reflexiones

- *¿Tienes algún mal hábito que te gustaría cambiar?*
- *¿Qué pasos tienes que dar para cambiarlo?*
- *¿Estás dispuesta a diseñar un plan que te ayude a dar los pasos necesarios?*
- *¿Estás dispuesta a seguir el plan?*

Dios mío, gracias por darme la confianza para superar los obstáculos. Ayúdame a triunfar. Enséñame a creer en mí misma y a centrarme en hacer lo correcto. Ayúdame a ordenar mis pensamientos para ir en la dirección correcta. Ya que tu camino es el único que conduce al éxito duradero, muéstramelo.

Te amo.

Lizzie

CAPÍTULO NUEVE

Afrontar las decepciones

Antes bien, en toda ocasión presenten sus peticiones a Dios y junten la acción de gracias a la súplica. Y la paz de Dios, que es mayor de lo que se puede imaginar, les guardará sus corazones y sus pensamientos en Cristo Jesús

Flp 4:6-7

Afrontar los retos tan propios y característicos de mi vida me preparó para ayudar a otros a tener una vida más feliz y más sana. Afrontar mis propios desafíos hace más fácil darme cuenta del dolor y de la soledad que hay en los ojos de los demás. Aprender a lidiar con quienes me molestan me da el coraje para defender a aquellos a quienes escogen como sus blancos. Ser honesta conmigo misma me ayuda a entender que no todo lo que quiero es bueno para mí o incluso posible. Algunas veces la respuesta es "no".

Me gusta lo que hago, pero si me levantara mañana y eso desapareciera, mi vida seguiría bien. Confío en Dios y creo que Él sabe más. Y si no volviera a estar más en un auditorio delante de una animada multitud o en algún programa de televisión, estoy segura de que Dios habrá elegido un camino mejor para mí.

Ver las cosas en perspectiva

No has logrado todo lo que querías. Pediste pero no recibiste. Quizá te empeñaste en la oración y en planear tus metas y, sin embargo, no ha cambiado nada.

Puede que pienses que "no" es lo peor que hay en el mundo, pero no es así. Las cosas podrían estar peor. Si dejas de fijarte en tu desánimo y miras alrededor, verás que hay situaciones peores.

Todos hemos deseado algo que no hemos podido obtener. Permitirte a ti mismo sentirte frustrado y molesto no te lleva a nada. Mucho menos abandonarte al fracaso. Podemos hacer pucheros y quejarnos por los malos resultados obtenidos, o podemos ponernos a pensar en todas las oportunidades que hemos encontrado en el camino y en todo el éxito que hemos tenido.

Realmente siento tu dolor, pero no conseguir todo lo que querías (algunas veces lo que más querías) es parte del ser humano. Yo no luciré como cualquier otra niña de mi escuela. Es así. Dios tiene un plan diferente.

Es mucho más fácil aceptar ese "plan diferente" cuando tienes una elevada autoestima (cuando te amas y te aceptas así como eres).

La gente con elevada autoestima tiene todas o la mayoría de las siguientes siete cualidades. En cada caso, piensa en la cualidad y responde a la pregunta.

☼ ***Se quieren a sí mismas.*** *¿Te quieres a ti misma? ¿Por qué? Si no te quieres a ti misma, ¿por qué no? Haz una lista de lo que puedes hacer para corregir lo que no te gusta de ti.*

☼ ***Valoran con honestidad sus fortalezas y sus debilidades.*** *¿Dedicas tiempo a pensar en tus fortalezas y debilidades? Enumera tres de cada una. ¿Han cambiado con el pasar de los años? Haz una lista de cómo puedes mejorar estas debilidades a lo largo de este año.*

- ***Asumen la responsabilidad de sus decisiones y de sus acciones.*** *¿Normalmente tomas buenas decisiones? Si cometes un error, ¿culpas a los demás o aceptas la responsabilidad y te prometes a ti mismo actuar mejor la próxima vez? Da algunos ejemplos.*

- ***Son líderes en su escuela y en su comunidad.*** *¿Buscas oportunidades para tener más responsabilidades? ¿Te ofreces como voluntario para algo? Si la respuesta es afirmativa, da algunos ejemplos. Si la respuesta es negativa, elabora una lista de tres cosas que vas a hacer los siguientes tres meses para asumir responsabilidades y ayudar a los demás.*

- ***Ponen en primer lugar las necesidades de los demás.*** *Si un amigo o un familiar necesita de tu ayuda, ¿haces un esfuerzo por estar presente incluso si se te complica o prefieres hacer otra cosa? Si la respuesta es afirmativa, da algunos ejemplos. Si no, piensa en alguna ocasión en la que en este año alguien te ha pedido ayuda. ¿Cuáles fueron tus verdaderas razones para decir que no? ¿Qué deberías haber hecho? ¿Por qué?*

- ***Permanecen firmes en lo que creen.*** *¿Evitas las situaciones y los comportamientos que percibes como incorrectos o que te pondrán en aprietos? ¿Defiendes aquello en lo que crees incluso cuando los demás te lo ponen difícil? Si la respuesta es afirmativa, da algunos ejemplos. Si la respuesta es negativa, escribe una situación en la que te encuentras actualmente o en la que te encontrarás probablemente en los próximos tres meses. A continuación, escribe un plan que seguirás para prepararte a manejarlo de manera que no ponga en riesgo tus convicciones.*

- ***Son amables y compasivos con ellos mismos y con los demás.*** *¿Eres amable contigo misma? ¿Te das una palmada en la espalda cuando haces lo correcto? ¿Te disculpas tus errores? Si tu respuesta es sí, da algunos ejemplos. Si es no, escribe tres cosas que puedes hacer esta semana y hazlas.*

Compara tu respuestas con tu lista "me amo a mí misma". ¿Tienes cualidades de una persona con elevada autoestima? Si no, no estás leyendo suficientemente tu lista "me amo mí misma".

En cuanto a mí, puedo responder sí a cada uno de los siete enunciados: me quiero a mí misma. Trabajo duro para evaluar con honestidad mis fortalezas y mis debilidades. Pongo atención a los cambios que necesito hacer y asumo la responsabilidad por mis decisiones y mis actos. Cuando enfrento un problema, pongo lo mejor de mí para resolverlo de manera que no ponga en riesgo aquello en lo que creo. Si cometo un error, me hago responsable de él. Lo hago mejor unos días que otros. No soy perfecta.

Tener un elevado nivel de autoestima no garantiza que tu vida será fácil, feliz sin límites y sin problemas, pero sí garantiza que estarás rodeado de amor y acompañado de gente a la que le importas. Y eso lo cambia todo.

Reflexiones

- *¿Cuál ha sido tu decepción más grande?*
- *¿Cómo la afrontaste?*
- *¿Cómo afrontarás tu próxima decepción?*

Dios mío, trabajo muy duro por ganarme lo que quiero y estoy muy orgullosa de mí. La mayoría de las veces me funciona, pero me cuesta mucho más afrontar las decepciones si siento que no obtengo lo que merecía. Por favor, ayúdame a ver que, cuando no obtengo lo que quiero, "no pasa nada", porque eres tú quien me está señalando otra dirección, la mejor dirección.

Te amo.

Lizzie

CAPÍTULO DIEZ

Amigos para toda la vida

Si uno cae, su compañero lo levantará.
Pero, ay del que está solo si cae: nadie lo levantará.
Ecl 4:10

Amo a mis amigos. Representan gran parte de mi vida. Implica mucho empeño encontrar y conservar a los buenos amigos y yo, en lo personal, pongo el mismo empeño en ser una buena amiga.

Los verdaderos amigos te dicen la verdad, pues tienen en su corazón el mejor de los intereses hacia ti. Mis amigos y yo nunca nos andamos con rodeos, incluso si lo que tenemos que decirnos puede llegar a alterarnos. Quizá suene duro, pero tiene que ser así. Uno puede decirle a alguien la verdad sin ser rudo o vengativo. Los verdaderos amigos pueden decirte verdades duras de manera cariñosa y amable.

Es lo que mis amigos y yo hacemos unos por otros. Valoro esa cualidad en cada uno de ellos y procuro comportarme de esa manera con ellos.

Mis amigos y yo somos leales, confiables y es muy divertido pasar el rato con nosotros. Nos reunimos, vamos al cine, hablamos por teléfono, estudiamos, compartimos las tristezas y conversamos cuando alguien nos rompe el corazón. Celebramos las festividades, los cumpleaños y las fechas especiales y nos apoyamos mutuamente en los momentos difíciles.

¿Eres un buen amigo?

Los amigos pueden ser de muchos tipos. Existen amigos con los cuales vas al cine y los amigos con los que vas de compras. Existen amigos para estudiar y amigos para hacer ejercicio; amigos que viven cerca de tu casa y, si tienes suerte, amigos que comparten sus pensamientos más íntimos contigo. Para tener buenos amigos tienes que ser un buen amigo. Aplícate este pequeño cuestionario para comprobar si eres un buen amigo:

- *¿Te preocupas sinceramente por tus amigos?*
  ¿Cómo se lo demuestras?

- *¿Haces un esfuerzo para seguir en contacto con ellos?*
  Da algún ejemplo.

- *¿Eres leal? Da un ejemplo.*

- *¿Confías en tus amigos? Da un ejemplo.*

- *¿Les dices siempre la verdad? Da un ejemplo.*

- *¿Disfrutas cuando estás con ellos? ¿Qué es lo que más te gusta hacer con tus amigos?*

¿Tus amigos son buenos amigos?

Puede llegar a ser muy difícil ser feliz y tener un buen ambiente cuando te rodeas de gente gruñona y quejumbrosa que se fija únicamente en lo negativo de la vida. Es muy importante rodearte de amigos respetuosos. Contesta estas preguntas para ver si tienes buenos amigos.

- *¿Tus amigos hacen un esfuerzo para estar en contacto contigo? Da un ejemplo*

- *¿Eres honesto con tus amigos o prefieres reservarte por el miedo a que te juzguen? Da un ejemplo.*

- *¿Alguien te ha dicho que uno de tus amigos no está comportándose bien contigo? Si la respuesta es afirmativa, ¿cómo lo manejaste? ¿Lo hablaste con alguien más?*

- *¿Alguna vez has sorprendido a un amigo mintiendo? Si la respuesta es afirmativa, ¿cómo lo manejaste?*

- *¿Tus amigos están contentos cuando están contigo o solo te buscan cuando necesitan algo?*

Las amistades necesitan atención para que perduren. Hazle saber a tus amigos que son muy importantes para ti. Comparte tus problemas, pero no pases horas quejándote. No hables de ti mismo constantemente, asegúrate de preguntarles por su vida.

Vale la pena mantenerse cerca de los buenos amigos. Casi siempre es fácil, pero a veces te llevarás decepciones. Puede que ni siquiera tengas una verdadera amistad sino hasta que tengas una fuerte diferencia y la superen juntos.

Cuando tengas un desacuerdo, no ignores la situación. No dejes que se infecte. Aplicar "la ley del hielo" o rehusarte a ofrecer o aceptar una disculpa solo empeorará la situación. Hay cosas que se deben hablar incluso si no nos gusta hacerlo. Cada uno debe tener la oportunidad de explicar sus sentimientos.

Al final necesitas decir: "está bien, ahora sé cómo te sientes y tú sabes cómo me siento yo. En adelante, ¿qué podemos hacer? ¿Cómo arreglamos esto?" Si lo que quieres es que la amistad se mantenga viva tienes que ser capaz de mirar verdaderamente hacia delante. Eso significa seguir "sin resentimientos, ni rencores".

Las diferencias y los malos ratos hacen más fuerte una verdadera amistad, así que prepárate para soportar y superar los malos ratos; son algo normal. Y recuerda: no son las diferencias las que importan, sino cómo las resolvemos. Conservar a los buenos amigos es tan importante como encontrarlos. Esfuérzate por conservar amistades balanceadas. Mantente abierto a recorrer tu mitad del camino.

Nuevos amigos

Hacer nuevos amigos no es difícil. ¿Quiénes son aquellas personas que siempre estás deseando ver y con las que disfrutas? Encuentra más gente así. Recuerda que buscas verdaderos amigos (no establezcas amistad con alguien solo por creer que eso aumentará tu posición social en la escuela o en el trabajo).

Encuentra amigos con los que sencillamente quieres compartir tu vida y quieren compartir su vida contigo. Busca amigos en tu escuela, en tu iglesia, en tu comunidad, donde sea. Mantente dispuesto a presentarte con la niña o el niño que llegó recientemente a tu iglesia.

Encuentra gente con la cual compartir tus intereses y a la que les guste hacer las mismas cosas que a ti te gustan. Un territorio común es siempre el inicio de una buena conversación. Si alguien te invita, di que sí y preséntate siempre con una sonrisa. Para el siguiente mes conoce al menos a una persona a la que antes no conocías bien o a una persona que hayas descubierto que tiene pocos amigos. Si quieres que otras personas te den la oportunidad, debes dársela tú también a otros.

La gente entra en nuestras vidas por muchas razones. Algunas personas son verdaderos ejemplos y tienen mucho que enseñarnos. Las cuatro niñas con las que compartí la preparatoria serán siempre muy especiales para mí.

Comimos juntas en la misma mesa todos los días. Crecimos alrededor de esa mesa. Reímos, pudimos conocer a nuestras familias, comentamos las novedades de la escuela y aprendimos a ser amigas.

Juntas construimos momentos históricos: sobrevivimos a

nuestros años de adolescentes, siendo parte de la vida de otras *quinceañeras*. Nuestras principales preocupaciones eran saber quién iba a estar al lado de quién en su "fiesta de 15" o qué película queríamos ver el fin de semana. Mi amistad con Rebeca, Abigaíl, Karina y Patsi ha sido verdaderamente una bendición.

Cuando hay que decir adiós

No todas las amistades son para siempre y es bueno que así sea. No todas tienen que serlo. Quizá han tenido que separarse o la dinámica de sus vidas ha cambiado. Quizá ya no comparten los mismos intereses o tienen nuevas exigencias en su vida.

Algunas veces la relación deja de ser saludable, pero han sido amigas por mucho tiempo y se sienten obligadas a continuar la amistad. Se nos ha enseñado a perdonar y pudiera parecer que terminar una amistad no es lo más pacífico que uno podría hacer. Sin embargo, se pueden hacer ambas cosas a la vez.

Si una amistad ya no te está funcionando sigue estos pasos:

- *Decide si quieres comentar la situación o solamente terminar la amistad. Piensa cuidadosamente en esto, pues reencender las amistades puede ser complicado.*
- *Antes de una ruptura total, piensa si quieres tener ocasionalmente alguna conversación por teléfono o intercambiar tarjetas por alguna fiesta o aniversario.*
- *Si decides terminar la amistad sé educado y firme cuando se lo digas a tu amigo.*
- *Sigue adelante.*

Reflexiones

- *¿Quiénes son de verdad tus mejores amigos?*
- *¿Tú eres también su mejor amigo?*
- *¿Estás metido en alguna amistad que ya dejó de ser buena y necesitas terminarla? ¿Qué vas a hacer al respecto?*

Dios mío, te estoy muy agradecida por darme tantos y tan maravillosos amigos. Por favor, cuídalos y bendícelos. Gracias, Dios mío, por todos mis amigos.

Te amo.

Lizzie

CAPÍTULO ONCE

Cuida de ti misma

Muy querido amigo, sabiendo que tu alma va por el buen camino, te deseo que goces de buena salud y que todos tus caminos te den satisfacción.

3 Jn:2

La música ha sido siempre uno de mis grandes amores. Uno de mis placeres favoritos en los días lluviosos o fríos del invierno consiste en acurrucarme y escuchar buena música. Ponme en un cuarto con una luz suave, una taza de café y mi iPod y te aseguro que mejoraré mi estado de ánimo si estaba triste o lo haré más agradable si estaba contenta.

Tengo algunas listas en mi iPod clasificadas por estados de ánimo. Así tengo siempre el tipo correcto de música al alcance de la mano. La lista que escucho cuando hago tareas me ayuda a ser más productiva. Si estoy teniendo un mal día o estoy alterada por algo, reproduzco mi lista de música *gospel.* Nunca me ha fallado, pues me eleva el ánimo y me recuerda lo bendecida que soy. La idea de crear diferentes listas para mis diferentes estados de ánimo se me ocurrió antes de una cirugía que tenía programada. Estaba muy nerviosa y ansiosa, así que agregué algo de música con ritmo a mi lista de música gospel.

Escuchar mi nueva lista en el hospital me mantuvo de buen ánimo y me distrajo del sufrimiento. La llamé mi "lista relajante de música cristiana".

Cada uno debería tener sus listas de estados de ánimo. Fíjate en cada canción que conforma tu colección y piensa en cómo puede afectar a tus estados de ánimo. Pregúntate: ¿qué me hace sentir esta canción?, ¿estudiar?, ¿prepararme para ir a la cama?, ¿pasar un buen rato? Después, ponlas juntas. Comienza con tres: una para cuando tienes un mal día o estás estresada, otra para cuando estás haciendo tu tarea y otra para cuando te sientes feliz y activa. Agrega más canciones hasta que tengas una lista para cada estado de ánimo. Asegúrate de ponerles nombre para que las puedas encontrar fácilmente.

Además de "música cristiana" tengo "éxitos recientes", "noches frías" y "canciones de libros".

Ponerlas juntas es divertido, es algo que haces para ti misma. Sin importar mi estado de ánimo, me ayuda escuchar buena música. Las canciones de la lista de música cristiana me inspiran a sentirme mejor y me recuerdan que Dios me ama. Es una excelente medicina para cualquier alma.

Escucharme a mí misma

Algunos días parece egoísta ir a mi cuarto, cerrar la puerta, prender mi iPod y conectarme con mis sentimientos, como algo que no debería estar haciendo. Antes de que entendiera la importancia de ser yo misma, luchaba contra los sentimientos de culpa: *"Podría estar haciendo algo más productivo. Hay mucha necesidad en el mundo, cosas que se necesitan hacer y en vez de eso estoy aquí sentada escuchando música".*

Dejé un de pensar así cuando me di cuenta de que no podía dar nada a los otros a menos que primero me lo diera a mi misma. No puedo tener compasión por los demás hasta que sea compasiva conmigo misma. Un ejemplo: estaba aceptando demasiadas apariciones en televisión y, a la vez, estaba intentando mantener el promedio en mis calificaciones. Era demasiado. Me di cuenta de que si no comenzaba a tomarme un tiempo para mí, iba a acabar "muerta". Necesitaba periódicamente un tiempo para reagruparme y reponer mis propios niveles de energía, y la música se había convertido en algo importante en esos momentos.

Hoy pongo atención a mis propias necesidades y a mi bienestar. Me aseguro de descansar lo suficiente y de reservarme tiempo para las cosas que me hacen feliz. Después de una temporada llena de ocupaciones, necesito unas mini vacaciones, tiempo en el que solamente paso el rato y recupero el equilibrio, tiempo para rezar y para relacionarme con Dios y su voluntad.

¿Qué necesitas?

Encuentra las diversas maneras en que puedes ser más compasivo contigo misma. Para mí, escuchar música es algo importantísimo, pero también lo es leer un buen libro o caminar en el centro comercial.

¿Cómo te demuestras compasión a *ti misma*? Escribe, por lo menos, cinco maneras simples, como escuchar música, que te hagan feliz: léete esta lista a menudo como recordatorio de tomarte el tiempo para consentirte. Y luego ¡hazlo!

Reflexiones

- *De entre las canciones que significan mucho para ti, ¿cuál es tu canción favorita? ¿Por qué?*
- *De entre las canciones que te ayudan a pasar un buen rato, ¿cuál es tu canción favorita?*
- *Si te permitieran escuchar música solo para un fin (para alegrarte, para ayudarte a hacer ejercicio, para arrullarte o para cualquier otro fin) ¿qué fin escogerías? ¿Por qué?*

Dios mío, me encanta el modo en que la música eleva mi espíritu, trayéndole calma y paz a mis días. Estoy muy agradecida por aquellos que comparten sus talentos creativos con nosotros. Gracias por este don maravilloso.

Te amo.

Lizzie

CAPÍTULO DOCE

Alimenta la fe

El sábado se hizo para el hombre y no el hombre para el sábado.

Mc 2:27

He ido a Misa toda mi vida y considero la Iglesia Católica mi segundo hogar. Mi parroquia ha enriquecido mucho mi vida. Me refiero a una comunidad llena de gente que se ama mutuamente y ama a Jesús. Disfruto rezando con ellos y conociendo sus vidas. Cuando enfermo, mi madre les pide que recen por mí; y saber que tantas personas están orando por mí me da mucho consuelo.

Mi parroquia es muy bella y tan sólo caminar en su interior me da una sensación de paz. Mientras me arrodillo y rezo, la atmósfera silenciosa comienza a sanar mi alma y a limar las asperezas de mi semana. Conforme escucho las lecturas y la homilía, a menudo aprendo algo o recuerdo una verdad que ya había olvidado. El aroma a incienso me recuerda la historia que esta comunidad y yo tenemos. Aquí recibí mi primera Comunión, celebré mi Confirmación y recibí por primera vez el sacramento de la Reconciliación. Aquí he asistido a bautizos, bodas y funerales.

Todas estas experiencias son una parte importante de quien ahora soy.

Pero hay una razón aún más importante por la que voy a Misa cada domingo. Cuando cierro los ojos, pienso no en la gente o en las bancas, sino en el regalo que estoy a punto de recibir: la fuente de todo lo que es santo, el significado de la Misa. Los católicos creemos que mientras nos reunimos para rezar, cantar y escuchar la lectura de las Escrituras, Cristo nos está llamando a su mesa para recibir la santa Comunión.

Recibir el pan y el vino consagrados nos sana y nos da paz. Celebramos el amor de Jesús por nosotros (su vida, su muerte, su resurrección, y nuestra relación personal con Él).

Enamorarse de la Misa

La Iglesia enseña que asistir a Misa cada domingo nos ayudará a sentir la presencia de Dios, pero cuando lo convertimos en algo que se hace automáticamente todas las semanas, podemos comenzar a darlo por supuesto. Incluso podemos comenzar a pensar en la Misa como en cualquier otra obligación de nuestra lista que hay que cumplir: *limpiar mi cuarto, lavar el coche de mamá, ir a la Iglesia, cuidar al bebé*. Incluso podemos convencernos de que no pasa nada si faltamos a Misa de vez en cuando: "Fuimos la semana pasada e iremos la siguiente, así que puedo hacer otra cosa esta semana."

No importa si vas a Misa los domingos o los sábados por la tarde. La Misa debe ser el evento de la semana. A mí me encanta ir los domingos, pero recuerda que debes ir cuando puedas aprovecharla más. Recuerda: no hay que intentar meter la Misa dentro de tu apretada agenda; debes planear tu ocupada agenda alrededor de la Misa.

Quizá ya sepas también esto, pero lo voy a decir de todos modos: presentarte es solo el primer paso de participar en la Misa. Para vivirla realmente de manera que te acerque a Dios y a tu comunidad, debes poner tu corazón y tu alma:

- ***Apréndete el orden de la Misa.*** *Las partes de la Misa son igualmente importantes y debes entender qué sucede en cada una de ellas.*
- ***Conoce las oraciones y los cantos de la Misa.*** *La mayoría conocemos estas oraciones e himnos tan bien que podríamos recitarlos y cantarlos perfectamente mientras pensamos en algo completamente diferente. No caigas en la trampa. Piensa lo que dicen las palabras y cada vez que reces o cantes, hazlo como si fuera la primera vez.*
- ***Escucha cuidadosamente las lecturas y la homilía.*** *La homilía te ayuda a aplicar las lecturas a tu vida, no aprenderás nada si no prestas atención.*
- ***Concéntrate en el Cuerpo y en la Sangre de Cristo.*** *Después de la comunión es fácil dejar que tu mente esté vagando por todas las cosas que tienes que hacer antes del lunes. Este momento no es para eso. Arrodíllate o siéntate en silencio y, en oración, piensa en el milagro que acabas de recibir. Reflexiona en tu participación en la Cena Eucarística y cómo te acerca a Jesús y a la comunidad cristiana.*

- ***Vete en paz.*** *No dejes atrás la Misa cuando abandones la iglesia; mantenla en tu corazón por toda la semana. El folleto de tu parroquia será de gran ayuda. Lee todo el folleto, también la parte que habla de las opciones para ser voluntario y la que habla sobre los eventos en tu parroquia, pues estos te acercarán más a la comunidad. Recuerda las peticiones de oraciones y si el folleto contiene una reflexión sobre las lecturas, una especie de comentario extra a la homilía, léelo pensando en él a lo largo de la semana. Usa la lista de las lecturas diarias para orientar tus lecturas de la Biblia a lo largo de la semana y asegúrate de leer las lecturas del siguiente domingo antes de la Misa, de manera que aproveches mejor lo que se enseña en la homilía.*

Reflexiones

- *¿Cuál es tu oración favorita de la Misa?*
- *¿Cuál es tu canto favorito?*
- *Piensa en la mejor homilía que hayas escuchado. ¿Qué es lo que te enseñó acerca de tu vida?*

Dios mío, los domingos son días maravillosos. Me encanta ir a Misa, pasar el tiempo con mi familia y contigo. ¡Los domingos son increíbles!

Te amo.

Lizzie

CAPÍTULO TRECE

En compañía de Dios

Estén siempre alegres, oren sin cesar y den gracias a Dios en toda ocasión; esta es, por voluntad de Dios, su vocación de cristianos.

1 Tes 5:16-18

¿Qué haces para mantenerte positiva todo el tiempo? Esto es lo primero que me preguntan por correo electrónico o cuando me ven en persona. Mi respuesta cuidadosamente considerada: lo único que me funciona es que pongo todo en las manos de Dios. Todos me conocen como Lizzie, la niña valiente y fuerte, y que nunca tiene algo negativo que decir. En eso consiste mi carrera y mi vocación, en motivar a otros y mostrarle a la gente cómo amar y confiar en ellos mismos; y yo lo hago siendo positiva.

Pero la verdad es que muchos días todo parece ir mal. Algo pésimo sucede después de algo peor y esto me deja con un sentimiento de frustración y de impaciencia.

Todavía pierdo la confianza en mí misma y dejo que otros sean quienes me definan o incluso hay días en los que me dan ganas de rendirme y quedarme en la cama, días en los que no me sale con tanta facilidad eso de encontrar lo bueno entre lo malo. Sin importar qué cuidadosos seamos, *todos* tenemos días así.

Mi mejor antídoto es el de aquel que esconde el verdadero dolor detrás de una sonrisa: Dios.

Ponerse en las manos de Dios

Cuando era niña, rezar era divertido. Era algo que hacía con mis papás y en la iglesia. Pero conforme crecí, me fui haciendo floja. Durante cierto tiempo rezaba solo antes de un examen o cuando estaba en problemas.

Mi relación con Dios y mi oración eran como una montaña rusa. Rezaba muy, pero muy en serio cuando esperaba recibir algo o lo necesitaba de veras, luego Dios no escuchaba de mí hasta que tenía otra necesidad. Cuando Dios no me daba las respuestas que yo buscaba, me enojaba con Él. Cuando tenía aquello por lo que había rezado, apenas me daba cuenta y nunca le agradecía.

Una vez que comencé a aceptarme fui capaz de estar en mejores términos con Dios, de entender plenamente su amor por mí y de rezar diciendo: "Hágase tu voluntad". Fui capaz de relajarme y de buscar la oración. Al inicio mis peticiones eran sencillas. Tenía mucho de lo que estar agradecida y sabía que necesitaba ayuda, así que comencé con dos oraciones sencillas cada día, todos los días. Estas palabras eran mis oraciones. Comenzaba con la señal de la cruz, decía estas dos oraciones y de nuevo me hacía la señal de la cruz:

Señor, ayúdame.
Señor, gracias.

Con el tiempo agregué el padrenuestro, una oración que había conocido desde mi niñez. Digo las palabras despacio y pienso en lo que estoy diciendo. Con el tiempo empecé a llevar mi diario y a escribir mis propias oraciones. El proceso de escribir lo que está en mi corazón y las palabras que quiero decirle a Jesús es una experiencia maravillosa. Registro cada una y le pongo un título. Registrar esas oraciones personales me ha ayudado a fijarme en mis talentos y dones, y en ser agradecida por ellos. Gradualmente mi libro de oraciones se llenó. Todavía lo tengo y lo uso a menudo.

Cómo comenzar

Escribir tus conversaciones privadas con Dios tiene muchos beneficios. Por mencionar algunos, llevar el diario escrito de tu peregrinación en la fe hace más fácil medir tu progreso.

Encuentra un diario o una libreta que te guste mucho, tanto que no puedas esperar más sin escribir algo en él; luego simplemente empieza. Si tú eres como yo, algunos días las palabras van a fluir y otros días batallarás para comenzar. Pero si eres paciente, las palabras vendrán; no serán las mejores palabras nunca antes escritas, pero eso no importa. Lo importante es comenzar a escribir.

Aquí hay algunas pistas que te ayudarán a comenzar:

Dios mío, te agradezco...,

Padre Celestial, quiero decirte...

Al final de este libro se encuentran siete oraciones que escribí para mi conversación de la mañana con Dios. Cuando no sepas cómo comenzar usa alguna de ellas. No importa que tú no las hayas escrito; lo importante es que estás rezando.

Reflexiones

- *¿Cuál es tu oración formal favorita?*
- *¿Alguna vez has dejado de luchar contra un problema y se lo has dejado a Dios? ¿Qué has sentido?*
- *La próxima vez que algo te preocupe y parezca estar completamente fuera de tu control, ¿cómo lo manejarás?*

Dios mío:

Estoy segura de que Tú ya sabes cuánto disfruto poder hablar contigo y contártelo todo, pero te lo voy a decir de nuevo: puedo hablar contigo sin guardarme nada porque sé que me amarás sin importar lo que te comparta y eso significa todo para mí. Gracias por tu amor, generosidad y perdón. ¡Te amo!

Lizzie

CAPÍTULO CATORCE

Encontrar un modelo de fe

Tú mismo serás un ejemplo para ellos cuando vean tu conducta, tu enseñanza desinteresada, tu honradez.

Tit 2:7

Uno de mis santos favoritos es santa Lucía. Nació en Sicilia casi trescientos años después del nacimiento de Jesús. De las tantas historias de su sólida fe, esta me inspira mucho. La familia de Lucía era muy rica. Cuando llegó a la madurez, decidió hacerse cristiana, donó todo su dinero y posesiones a los pobres y se mantuvo soltera para poder dedicar su vida entera a Dios.

Su madre tenía otras ideas. En aquellos tiempos era muy común que los padres concertaran los matrimonios de los hijos, así que su madre le arregló el suyo a Lucía.

Su madre había estado enferma durante años, pero se curó después de acudir a una peregrinación. Estaba tan agradecida que cambió de parecer sobre el matrimonio de Lucía y entregó a los pobres mucho de su dinero.

El pretendiente de Lucía se molestó muchísimo de perder a Lucía y su dinero. En aquellos tiempos era ilegal en Sicilia ser cristiano. Para vengarse del desaire, su antiguo prometido la denunció a las autoridades. La arrestaron y la condenaron a una vida de prostitución. Pero cuando intentaron llevársela se quedó como si estuviera pegada al suelo. Los guardias más fuertes lo intentaron, pero no podían moverla, por lo que el gobernador ordenó que prendieran fuego alrededor de ella. Pero, como el fuego no la mataba, la apuñalaron hasta quitarle la vida.

La admirable fe de Lucía y su coraje la ayudaron a mantenerse fiel a su decisión de amar a Dios, incluso en medio de una persecución. Su lección para mí: no importa lo que otros digan o intenten para llevarte por un camino distinto. No importan las consecuencias. Lo importante es que te mantengas fiel a aquello en lo que crees.

Pero esa no es la razón por la que Lucía tiene mucha importancia para mí. Su nombre significa luz en latín, por ello es patrona de quienes tienen problemas de vista.

¿Quién te inspira?

Nombra de manera rápida a tres personas, gente que conozcas o que no conozcas, viva o muerta, cuyas vidas te hayan resultado inspiradoras. Si alguno de tus papás o ambos te viene a la mente, no hay problema, pero entonces tienes que escoger cinco personas.

Escribe sus nombres y las características que más te hacen querer seguir sus huellas.

Después, piensa lo siguiente: ¿los admiras por razones distintas o, más bien, todos tienen las mismas cualidades que admiras?

¿Qué tienes en común con ellos? ¿Qué cualidades suyas te gustaría tener?

Si cada persona tiene distintas cualidades que despiertan admiración ¿tienen ellos otras cualidades tales como su género, su edad, su sueldo, su profesión, su raza, el lugar donde viven, cualquier otro elemento en común?

¿Qué te dicen tus decisiones sobre ti mismo?

¿Por qué son importantes los santos?

En la Iglesia Católica un santo es aquel que ya murió y la Iglesia ha declarado oficialmente que está en el Cielo y es digno de nuestra admiración. Los católicos no adoramos a los santos, los vemos como modelos para nuestras propias vidas.

Muchos creen que solo la gente perfecta debería elegirse para la santidad, pero eso no es verdad. Muchos de los santos estaban lejos de ser perfectos mientras vivieron en la tierra; eran justo como nosotros.

Aunque ya murieron (algunos ya hace mucho), se mantienen vivos como ejemplos. Tuvieron vidas hermosas y únicas, aunque la mayoría nunca ganó ningún concurso de popularidad.

Algunos católicos consideran a los santos como compañeros de su camino de fe; otros como patronos que los cuidan: en uno u otro caso, los santos nos muestran cómo el amor les ayudó a superar las dificultades y a perfeccionarse en la vida.

Siempre que pienso en santa Lucía, de nuevo me animo a seguir mi camino, a pesar de lo que los otros digan sobre mis decisiones, basadas en la oración. La valentía y la fortaleza de Lucía afrontando el peligro representan un testimonio de su fe inquebrantable. Las dos compartimos un lugar en la comunidad de Dios y estoy muy agradecida de conocer su historia.

Si no tienes un santo favorito, búscalo en internet o ve a la librería por historias de santos. Tienes que encontrar a alguien que te interese y cuya vida te resulte inspiradora. Contar con ese santo en tu camino de fe aportará otra dimensión a tu vida espiritual.

Modelos de fe cotidianos

Yo he sido realmente bendecida al tener muchas oportunidades de compartir mi historia con muchos públicos. Me han preguntado cuál es mi público favorito pero ¿cómo puedo escoger entre escuelas primarias, con los niños más dulces y más divertidos, o sociedades de liderazgo, con jóvenes inquietos, preparados para irradiar su luz y para ayudar a los demás?

A lo largo de cada presentación se puede escuchar caer un alfiler, todo el mundo está atento a lo que estoy diciendo. Siempre dejo tiempo al final para preguntas, las cuales van desde las más sencillas, como cuál es mi color favorito, a las más profundas, como qué hago para superar tanto negativismo. Me di cuenta después de un par de conferencias: incluso cuando alguien no padece el síndrome que yo tengo, compartimos un nexo de dolor y lucha.

Durante los momentos de "conocer y agradecer" después de mis presentaciones, escucho historias personales de lucha. Esa es una de las cosas que más me gusta de las conferencias, porque es cuando me relaciono con mi audiencia en un nivel más personal.

Hay un caso especial que aún tengo muy presente. Una maestra de cuarto año pidió tomarse una foto conmigo y con todo su salón de quince niños. Todos querían conocerme, abrazarme y hablar conmigo. Mientras estábamos hablando, una niña se desmoronó cuando empezó a contarme que otros niños la molestaban por causa de sus orejas. Me rompió el corazón, pues eso puede ser traumático, más para una niñita de su edad. Me llenó de orgullo que levantara su voz a pesar de su dolor. Su salón nos escuchaba mientras hablábamos. Otros alumnos comentaron lo mismo, que los molestaban. Se me vino una lágrima a mis ojos al escuchar a todos los niños decir que la iban a apoyar si alguien la volvía a molestar.

Igual que el clima, nuestras vidas también tienen estaciones. Esa pequeña atravesaba tormentas, pero con la ayuda de sus compañeros y amigos podría anticipar días más hermosos en el horizonte.

No importa la edad o las circunstancias, nuestras vidas estarán siempre en construcción. Mientras cuentes con cimientos fuertes, puedes construir tu vida tan alto como quieras.

Reflexiones

- *¿De los que están en el Cielo, cuál es tu santo favorito?*
- *¿De los que están en la tierra, cuál es tu "santo" favorito?*
- *¿Quién está en tu comunidad personal de santos acá en la Tierra?*

Dios mío:

El mayor mensaje que recibí al leer y saber de los santos, es darme cuenta de cuánto confiaban en ti. Sus historias me lo recuerdan mucho.

Te amo.

Lizzie

CAPÍTULO QUINCE

Sé bella, sé tú misma

Cerca está el Señor de los que le invocan, de todos los que lo invocan de verdad.

Sal 145:18

Tras recibir los sacramentos y terminar mis clases de formación católica, decidí hacerme maestra de religión durante tres años, junto con dos de mis mejores amigas. Involucrarme en la programación de clases y ayudar a los niños a conocer el amor de Dios me ayudó a que mi fe se robusteciera. Además fue divertidísimo.

Me encantaban las oraciones que hacíamos al inicio y al final. Hacíamos un círculo y nos tomábamos de la mano para comenzar o terminar con la señal de la cruz. Antes de cada clase rezábamos el padrenuestro; después de cada clase rezábamos el avemaría. Rezar todos juntos era algo muy especial para nosotros. Consideraba una bendición que Dios me diera la oportunidad de enseñarle a aquellos niños a adorar juntos su nombre. Estoy muy agradecida por las luces y gracias que recibí cuando fui parte de ese ministerio. Ellos me enseñaron mucho.

Cuando comenzábamos el curso, hacíamos mucho énfasis en

la importancia de rezar. Poníamos mucha atención en que esos niños estudiantes entendieran que podían orar en los buenos y en los malos ratos, y que necesitaban orar en toda ocasión y no sólo cuando sus hermanos estaban a punto de "caerles encima". Les enseñamos que rezar era como hablar con un amigo, un muy buen amigo que moría de ansias por saber de ellos. Les enseñamos que podían orar y hablar con Dios en el recreo, agradecerle por haber tenido un buen día, y que, incluso, podían darle las gracias por haber pasado un buen rato comiendo pizza en la cafetería. Eso siempre los hacía reír.

Y la solución de nuevo es rezar

Sin importar tu edad siempre descubrirás el poder que tiene la oración para cambiar la vida. Esta verdad me llegó en mi retiro de Confirmación. Yo estaba trabajando como responsable de jóvenes y en ese momento todos estábamos reflexionando sobre nuestras bendiciones.

Recuerdo que estaba asombrada de todo lo que había pasado en mi vida gracias a la oración. Había gente que yo seguía sin conocer y que, sin embargo, pedía por mi salud y por mi recuperación. La oración me ha ayudado a terminar días en los que no quería ni siquiera salir de la cama, días en los que me sentía desgastada, estresada, cansada y harta de todo.

Una tarde en la que me sentía muy estresada, mi mamá me sugirió ir a mi cuarto, apagar mi celular, olvidarme de mi computadora y descansar.

La idea sonaba muy mal. Cuando me quedo sin mi celular es como si estuviera desconectada del mundo. Estaba segura de que

me iba quedar dormida. O por lo menos iba a ser un desperdicio de tiempo.

Pasé la primera media hora pensando en todas las cosas que debería haber terminado, todas las cosas que necesitaba hacer. Me llevo un rato cambiar mis pensamientos sobre el trabajo y comenzar a fijarme en lo que me tenía estresada. De inmediato comencé a llorar.

A veces un buen llanto libera la tensión que se ha ido almacenando en tu interior. Comencé a rezar y a pedirle a Dios que me ayudara. Me senté en silencio y escuché lo que Dios me estaba diciendo. Di varios respiros profundos y comencé a decirme a mí misma que podía hacerlo. Había que derribar una barrera e ir "pasito a pasito".

Me había estado fijando tanto en mis eventos y en lo que otros opinaban de mí que me había vuelto ciega y no veía todo el contexto. Dado que estaba tan enojada con Dios, no estaba rezando ni pidiéndole su ayuda y sus ánimos para salir adelante.

A veces siento todavía la obligación de ser "superwoman" y ayudar a todos los que me necesitan, a veces me quedo exhausta física y emocionalmente intentando solucionar todos y cada uno de los problemas que tengo. Pero he aprendido que cuando llego a mi límite, lo mejor que puedo hacer es abandonarme y darle paso a Dios.

Lo mejor que puedo hacer es poner mi confianza en Él y amarlo sobre todas las cosas.

Es asombroso ver el poder de la fe, de la oración, del amor de Dios en mi vida diaria. Ser un estudiante de tiempo completo, una conferencista motivacional y autora son enormes bendiciones que me mantienen muy ocupada. Aunque amo cada minuto de mi vida, hacer malabares con todo esto es agotador y desgastante.

La locura viene normalmente en olas, las cosas se calman durante un momento y puedo dedicarme a la escuela y mantener mi vida social. Pero cuando me piden dar entrevistas y conferencias, a veces siento que no alcanzo a respirar. Me enfermo con mucha facilidad. Casi siempre, si alguien tiene un resfriado, me acabo contagiando. Es algo sobre lo que yo no mando. Me lavo las manos todo el tiempo; sin embargo, me sigo enfermando. Cuando eso sucede, en vez de hacerme sentir peor a mí misma con pensamientos negativos, dejo a Dios poner sus manos sobre mí y ayudarme a mejorar. Me meto en la cama y espero a que regrese la salud. Todos necesitamos abrir nuestros corazones y nuestras mentes al amor de Dios, elevar nuestras preocupaciones, nuestros dolores, nuestras molestias, nuestros gozos y nuestra felicidad a Él, sabiendo que nos escucha.

Cuál es tu siguiente jugada

Ahora tú conoces mi historia. He compartido mis peores momentos y cómo he sido capaz de levantarme con la ayuda de Dios. Te he dado algunas herramientas para hacer lo mismo en tu vida, con la ayuda de Dios. Todos nosotros nacemos con diferencias, características que nos distinguen de todos los demás. Dios nos ha creado de una manera especial. Él no hace copias. Tú has nacido con una misión y una habilidad para distinguirte de todos los demás. Eres único.

Espero con todo mi corazón que este libro te haya convencido de que si amas de una manera piadosa, confías en Dios y prestas atención a lo que amas apasionadamente, te convertirás en la persona que Dios quiere que seas.

No te conformes con una vida mediocre. ¡Sé bella, sé tú misma!

Reflexiones

- *¡Tú eres amor!*
- *¡Tú eres bella!*
- *¡Tienes muchas cosas por las cuales dar gracias!*
- *Si escribieras un libro sobre tu vida, ¿cuál sería el título?*

Siete oraciones para compartir

Termino este libro con una oración para cada día de la semana. Úsalas como una meditación diaria o para encontrar tus propias palabras cuando estés pasando un mal rato. Yo pido por ti cada día y espero que tú pidas por mí.

Te amo.

Lizzie

ORACIÓN DE LOS *lunes*

Dios mío, por favor, guíame a lo largo de esta semana. Ayúdame a ser fuerte cuando me sienta débil y ayúdame a disfrutar los momentos de cada día. Cuando me sienta sin esperanza, recuérdame mis bendiciones y ayúdame a recordar que Tú estás siempre conmigo. Amén.

ORACIÓN DE LOS *martes*

Padre Celestial, dame la voluntad para permanecer centrada en lo que necesito lograr. Ayúdame a luchar contra la tentación de caer en chismes, en el mundo de lo social o cualquier otra distracción que me desvíe de mi camino. Mantén mi mente clara y abierta para que pueda cumplir con mis objetivos de la semana. Amén.

ORACIÓN DE LOS *miércoles*

Dios mío, gracias por concederme las bendiciones de la fortaleza, del entendimiento y de la voluntad para lograr los cometidos que se me han pedido esta semana. Te pido que continúes alentándome en mi camino el resto de la semana. Contigo puedo lograrlo todo. Amén.

ORACIÓN DE LOS *jueves*

Padre Celestial, conforme se acerque el fin de semana, por favor, ilumina mi mente para distinguir lo que está bien y lo que está mal, y dame la claridad para tomar mis decisiones. Ya quiero que lleguen los días de descanso. Te pido por el bienestar de aquellos que amo, que estén protegidos por tus manos amorosas a lo largo del fin de semana. Amén.

ORACIÓN DE LOS *viernes*

Padre Celestial, gracias por tu guía continua, por tu amor y por animarme a lo largo de la semana. También te estoy agradecida por tu perdón y por entender mis errores, mis dudas y mis acciones negativas. Te estoy agradecida por este descanso que tengo del estrés y de las presiones de la semana. Amén.

ORACIÓN DE LOS *sábados*

Dios mío, concédeme la concentración para completar los deberes que me pospuse durante la semana. Permíteme fijarme en lo que necesito terminar, a fin de que pueda disfrutar del tiempo con quienes amo. Recuérdanos el amor que nos debemos unos a otros y ayúdanos a no considerar nuestras bendiciones como merecidas. Te pido esto por Cristo nuestro Señor. Amén

ORACIÓN DE LOS *domingos*

Dios mío, gracias por las cosas buenas y por las cosas malas de la semana que termina.

Te agradezco todos los momentos, aprenderé las lecciones que cada una de ellos me enseña. Muéstrame cómo mejorar, para que la próxima semana sea mejor que la que hoy termina. Amén.

Lizzie Velásquez posee un Major en Comunicaciones por la Texas State University en San Marcos. Es uno de los tres casos conocidos en el mundo de un extraño síndrome que no le permite ganar peso ni masa muscular. Ha ofrecido charlas motivacionales en más de 200 talleres y su historia ha aparecido en medios nacionales e internacionales, incluyendo *The Today Show, Inside Edition, Sunday Night* (Australia), *Explosiv* (Alemania) y *Dr. Drew.* Este es su segundo libro.